Y a-t-il un catho dans la salle ?

Y a-t-il un catho dans la salle ?

Direction d'ouvrage : Sophie de Villeneuve

bayard

18, rue Barbès, 92128 Montrouge Cedex (France)
ISBN : 978-2-227-49007-9

Introduction

La foi catholique ne va pas de soi. Elle est même terriblement inconfortable. Comment en effet penser un Dieu trinité, mort et ressuscité, toujours présent au monde, sans être aussitôt accablé de questions ? Croire s'accompagne d'interrogations et de doutes qui nourrissent et fortifient la foi du croyant, mais parfois aussi la fragilisent. L'émission *Mille questions à la foi* sur Radio Notre-Dame a voulu prendre en compte ces interrogations qui sont celles aussi de beaucoup de non-croyants. La Bible n'est-elle qu'une vaste épopée mythique ? Jésus a-t-il vraiment fait des miracles ? Pourquoi les femmes ne sont-elles pas autorisées à célébrer la messe ? Chaque semaine depuis 5 ans, un invité répond, explique, donne sa vision personnelle. Réunies ici en courtes chroniques, ces réponses ne sont pas un catéchisme. Il n'est pas question de dire ce qu'il faut croire, ou ne pas croire. Mais de comprendre que le christianisme n'est pas cette religion obsolète, ne pouvant intéresser qu'une poignée de nostalgiques, naïfs et ringards. La Bible, la théologie et la spiritualité ne sont pas des matières d'un autre temps, qui seraient réservées à des religieux(ses) déconnecté(e)s de la réalité. La lecture des Écritures, l'élaboration de la foi chrétienne et son influence profonde sur les sociétés marquées par l'évangélisation font partie de notre histoire. Thérèse d'Avila, François d'Assise et Ignace de Loyola appartiennent à notre patrimoine commun, au même titre qu'un Mozart ou un Picasso.

Les réponses apportées par les invités de *Mille questions à la foi* reflètent la diversité des tempéraments et des fonctions dans l'Église. On devine chez certains une plus grande liberté dans le ton des réponses. L'âge, le sexe, les différentes formes d'expériences personnelles, tout concourt à donner à ces textes une originalité qui tient à chacun. Personne, dans l'Église, ne pense vraiment pareil. Mais tous adhèrent à la même foi, au même credo, à la même espérance. Cette variété dans l'expression de la foi n'a pas été toujours permise. Elle est aujourd'hui largement admise. Et recherchée.

Nous avons décrypté, et réécrit ces interventions, tout en conservant leur caractère oral. Nous n'avons pas voulu ici faire œuvre littéraire, mais faire entrevoir la spontanéité des réponses et des personnes. Le résultat tient à la personnalité de chacun des intervenants. Tous avaient quelque chose à dire, qui leur tenait à cœur. Tous ont cherché à rendre plus accessible le contenu de la foi, plus joyeuse son expression. Tous ont cherché les mots qui actualisent sans affadir le mystère chrétien. Je ne saurais trop les remercier d'avoir joué le jeu de la réponse pertinente, et personnelle, à la question basique, souvent terre à terre. Avec patience, ils ont relu, annoté leurs textes, et accepté leur publication. Mille questions à la foi leur doit beaucoup. Ce livre, qui en est un peu l'écho, aussi.

Sophie de Villeneuve, rédactrice en chef de *Croire*

I

BIBLE

Pourquoi la Bible est-elle si violente ?

Anne Soupa, bibliste,
ancienne rédactrice en chef de *Biblia*

Certains passages de la Bible donnent l'image d'un Dieu terrible qui n'hésite pas à ordonner lui-même la violence. On se souvient du prophète Elie égorgeant les quatre cents prophètes de Baal, de la destruction de Jérusalem et de l'exil à Babylone. Quant au Nouveau Testament, il comporte lui aussi des scènes violentes et Jésus lui-même se montre parfois violent. Comment s'y retrouver ?

Quand on accuse Dieu de violence, il faut distinguer la violence exercée par les hommes et la violence attribuée à Dieu.

Effectivement, la Bible parle de temps anciens qui sont empreints de brutalité. Les hommes, et aussi les femmes, étaient violents. On peut le comprendre. Vivre était difficile. Pas de système juridique qui protège les faibles, pas de secours, il fallait se défendre par soi-même et prendre son arme plus souvent qu'on ne l'aurait voulu. Si les récits bibliques sont violents, c'est que la violence était le prix de la survie. Un signe de vitalité, certes sans souci de l'autre, mais qui montre la valeur donnée à la vie.

Mais la parole de la Bible traverse les temps : elle dit que la violence est de toute éternité, que nous naissons tous avec de la violence en nous.

Quant à l'attitude de Dieu vis à vis de cette violence, il faut là aussi distinguer les invocations envers un Dieu vengeur, et la violence qui est vraiment attribuée à Dieu par le rédacteur. Dans un psaume terrible, le psalmiste demande à Dieu de fracasser les bébés des ennemis contre les murailles de la ville, tellement son malheur et sa souffrance sont grands, tellement il a besoin d'être débarrassés de ces ennemis. C'est une manière de gérer sa propre violence : je renonce à lever les armes mais je demande à Dieu de le faire. Que Dieu le fasse ou non, c'est un autre problème. L'essentiel est que j'aie pu crier ma violence plutôt que de la mettre en actes. C'est une manière assez fine de se sortir d'une situation violente que d'invoquer Dieu pour qu'il nous en débarrasse.

Cela signifie aussi que les hommes de la Bible croient vraiment Dieu capable de violence. Ils sont entourés de tant de violences qu'ils l'attribuent aussi à Dieu. Et puis Dieu leur faisait peur. La crainte de Dieu est une notion biblique importante. Cela ne veut pas dire que Dieu terrorise, mais qu'il inspire le respect, une sorte de crainte religieuse et aussi, une certaine peur qui fait se tenir à bonne distance. Les hommes de la Bible avaient peur de la vengeance divine, du courroux de Dieu. Aujourd'hui, nous savons mieux que c'est la liberté humaine qui est à l'œuvre. Les massacres des livres d'Esther et de Judith sont imputables aux hommes. Nous savons aussi que les hommes sont libres, et que cette liberté peut conduire à la mort. Mais les hommes de la Bible imputaient à Dieu tout ce qui arrivait, le mal autant que le bien.

Le récit du déluge illustre la violence de Dieu. Une violence directe. Il raconte que Dieu est accablé par sa création. L'humanité qu'il a créée ne s'est pas comportée de manière irréprochable. Alors Dieu regrette, il veut effacer sa création. Il est capable de violence. Mais il voit qu'il y a des justes sur terre, et il choisit alors de préserver l'humanité, même pour un seul juste. Et il conclut : « Jamais plus je ne maudirai ma création. » Dieu se repent. Il s'engage même à ne plus jamais être violent. La violence était une tentation ; mais une tentation maîtrisée par la tendresse et l'amour. Dieu dit « malgré tout » et il choisit la vie.

La familiarité que les hommes acquièrent avec Dieu au long de l'histoire leur permet de se rendre compte que Dieu est lent à la colère et riche en miséricorde, comme le dit Moïse dans l'Exode, et que Dieu a créé, non par la violence mais par la douceur de sa parole. Dieu nous donne la parole comme modèle de règlement des conflits.

S'il se montre encore violent au moment de la destruction de Sodome, ce n'est pas l'orientation sexuelle des Sodomites qui est en cause, mais leur défaut d'hospitalité. L'accueil, l'ouverture à l'autre est ce que Dieu demande à l'être humain. Il lui demande d'aimer cet autre qu'il a créé pour qu'il ne soit plus jamais seul. Or, Sodome était devenue fermée sur elle-même, hostile aux étrangers.

En fait, les hommes se mettent dans des situations telles qu'ils pensent que Dieu les condamne à mort. C'est notre manière de nous représenter Dieu qui nous efface de la carte, parce que nous nous sommes rendus si haïssables à nos propres yeux, nous avons tellement contrevenu à notre aspiration d'êtres humains que nous n'arrivons plus à vivre.

Dans le Nouveau Testament, la violence de Jésus est réelle, mais c'est une violence qui construit. Elle vise à nous remettre sur le droit chemin du bon rapport à Dieu. On pense bien sûr à l'épisode où il chasse les marchands du Temple. Là, il est pris, comme le disait Elie, d'un « zèle jaloux » pour Dieu, son Père, il veut honorer la véritable image de Dieu. C'est le souci de Dieu, l'honneur de Dieu qui le rend violent. Ce n'est pas une violence qui détruit des gens, mais elle les remet à leur place. Elle remet les prêtres du Temple devant leur dignité de serviteurs de Dieu.

Dans de nombreux passages, Jésus se montre particulièrement tendre, guérissant, et c'est cette figure de Jésus qui domine dans le Nouveau Testament. Mais elle intègre parfois une certaine violence verbale qui traduit, je crois, une certaine rectitude.

La violence biblique nous dit de ne pas occulter la dimension violente de notre bagage génétique. Nous avons à reconnaître que nous sommes violents. Quand on y réfléchit, une bonne partie du travail éducatif vise à faire reconnaître à un enfant sa violence et à la domestiquer. Dans les années récentes, cela a été trop négligé. Sans doute aujourd'hui manquons-nous de repères pour gérer notre violence. L'Église aussi pourrait davantage honorer le conflit, la joute, le débat, la discussion vive. Elle doit se garder d'un unanimisme de façade qui méconnaît la divergence d'opinion, la différence et une certaine agressivité qui est normale.

La Bible peut nous aider à faire une place à notre propre violence. À la localiser, à la circonscrire, et à éviter ainsi qu'elle ne déborde. Oui, relisons la Bible, car la gestion de la violence y est très saine. Il serait dommage de l'en évacuer.

Faut-il adhérer à tous les articles du Credo ?

Michel Kubler, prêtre assomptionniste, auteur d'un *Petit parcours de foi* (Bayard)

Le Credo que nous disons à la messe est un condensé de notre foi. Il faut savoir que les deux credo que nous avons conservés dans la liturgie latine ne sont pas apparus dans n'importe quel contexte. Le premier, le plus court, le Symbole des Apôtres, est d'origine occidentale, il est le plus tardif. Le plus long, le Symbole de Nicée-Constantinople, est plus ancien. Il date des conciles de Nicée (325) et de Constantinople (381). C'est la fin des persécutions, l'édit de Milan (313) a autorisé la religion chrétienne dans l'Empire, et donc le souci premier des chrétiens n'est plus de survivre ou de faire face aux persécutions, mais de s'organiser. Pas seulement d'organiser leurs structures, mais aussi leur pensée, dans la formulation de sa doctrine.

Cela a donné lieu, forcément, à des disputes. Il y avait toujours eu des formes d'hérésie, des chrétiens qui sortaient des sentiers balisés depuis les Apôtres. Mais la question est devenue plus urgente quand il a fallu s'organiser. Une grande crise est apparue à ce moment-là, au début du IVe siècle, avec l'hérésie d'Arius. Ce prêtre, théologien de l'Église d'Alexandrie, professait que le Christ était un homme revêtu par Dieu d'une autorité particulière, oint de divinité peut-être, mais fondamentalement un homme. Il a donc fallu trouver des arguments pour le contrer et dire ce qu'était la foi droite.

Donc, lorsque nous récitons le Credo à la messe, nous nous s'appuyons sur des affirmations qui datent des premiers siècles, ce qui explique un déséquilibre interne assez étonnant dans les deux Credo, qui disent beaucoup de choses au sujet de Jésus, et assez peu du Père et encore moins du Saint-Esprit ! Mais si on parle tant du Christ, c'est parce qu'on a eu besoin, face à ces hérésies, de préciser très clairement la foi christologique de l'Église. Et après ces deux conciles, de Nicée et de Constantinople, l'Église aura encore besoin du concile de Chalcédoine (451) pour affiner les formulations de la foi chrétienne que partagent encore aujourd'hui les catholiques, les protestants et les orthodoxes.

Se dire chrétien, c'est donc adhérer à tout ce que dit le Credo, au sens où la foi chrétienne n'est pas une foi « à la carte » : le Credo n'est pas un menu de restaurant sur lequel on peut choisir tel ou tel plat, ni un billet de loto où l'on coche des numéros : c'est un tout. La foi est la foi de l'Église avant d'être la mienne. C'est parce que je partage cette foi que je me reconnais membre de l'Église et que l'Église me reconnaît comme l'un de ses membres. Cependant, aucune logique de contrainte ne prévaut. Ce n'est pas parce qu'on a du mal avec telle ou telle affirmation du Credo qu'on n'est pas chrétien. Ce serait une logique de culpabilisation qui ne me paraît pas juste. Adhérer au Credo ne veut pas dire que nous donnons tous la même importance à tous ses articles. D'autant que ces affirmations que nous avons héritées du IVe siècle sont marquées par leur temps, dans la proportion des composantes de la foi, mais aussi dans le fait que des pans entiers de la foi en sont absents. Ainsi, est absente du Credo toute la dimension éthique de la foi chrétienne. Or, la foi, c'est aussi un comportement, une mise en œuvre de ce que l'on croit, un « agir » chrétien. Les épîtres du Nouveau Testament comme les textes des Pères de l'Église nous disent que si notre foi ne réside que dans des mots, nous ne sommes pas chrétiens. La liturgie, la prière, la dimension spirituelle de la foi n'y figurent pas. La foi s'incarne, elle n'est pas purement cérébrale.

Il faut donc assumer le fait que le Credo est incomplet comme tel. Il y a d'ailleurs eu au fil des siècles d'autres credo, qui n'ont pas reçu la même valeur canonique que nos deux Symboles, mais qui ont valeur de jalons dans la foi telle qu'on l'a formulée à une époque ou à une autre. L'un des plus récents a été formulé par Paul VI en 1968 au lendemain du Concile, aidé, dit-on, par Jacques Maritain, un philosophe catholique qui était son ami. Ce Credo est très long, et si on devait le dire à la messe, on doublerait le temps de la célébration, mais il constituait pour Paul VI une manière d'actualiser la foi de l'Église à un moment où l'on avait fait l'aggiornamento non seulement de la liturgie et de la vie de l'Église, mais aussi de la compréhension qu'elle a d'elle-même et de sa foi.

Dire que l'on ne croit pas à un article du Credo n'est donc ni un blasphème ni une injure à la foi chrétienne. Le blasphème est une affirmation que l'on porte, jugée par des croyants comme offensante pour leur foi. Le blasphème n'est pas une hérésie, c'est un jugement, une insulte à Dieu.

On blasphème en s'adressant à lui, donc on est croyant. Un non-croyant ne blasphème pas, cela n'a pas de sens, et les journalistes de *Charlie Hebdo* l'avaient d'ailleurs rappelé à juste titre. Pour le Credo, on ne peut pas parler de blasphème si l'on ne suit pas tous ses articles d'égale manière. Certaines personnes d'ailleurs ne sont pas non plus très à l'aise avec telle ou telle phrase du Notre Père, comme celle qui concerne le pardon notamment ou encore la soumission au mal… Chacun croit en Dieu à sa façon. La foi est universelle, c'est la foi de l'Église que je dois assumer si je ne veux pas la vivre en touriste ou rester à l'extérieur. En même temps, elle est éminemment personnelle, et si je me contente pour dire ma foi de réciter un Credo, je ne suis pas chrétien. Car la foi n'est pas seulement un contenu auquel j'adhère, c'est une rencontre très personnelle que je vis avec le Christ.

LA RÉSURRECTION, CŒUR DE LA FOI

Beaucoup de chrétiens disent aujourd'hui ne pas croire à la Résurrection, or on ne peut pas se dire chrétien si l'on ne croit pas à la Résurrection. Le cœur de la foi est très court et très simple, il se trouve dans le chapitre 15 de la

1ère épître aux Corinthiens : « Le Christ est mort pour nos péchés, conformément aux Écritures, il est ressuscité le troisième jour conformément aux Écritures, il est apparu vivant à Pierre puis à quelques autres… » Pour résumer, on peut dire que pour se dire chrétien, il faut adhérer à l'essentiel du Credo, qui est la mort et la résurrection de Jésus.

Si vous n'êtes pas en phase avec cela, vous n'êtes pas chrétien, ce n'est pas négociable. Vous pouvez adhérer à la personne de Jésus, à sa sagesse, à l'Église qu'il a suscitée, si vous ne pensez pas que le Christ est mort pour vous et pour tout homme, si vous ne pensez pas qu'il est vivant aujourd'hui, pour vous, pour vous faire vivre et faire vivre le monde, si vous ne pensez pas qu'il s'est manifesté vivant à ses disciples, et à vous notamment à travers les sacrements, vous n'êtes pas chrétien. Ce n'est pas si grave, car vous pouvez être heureux sans être chrétien : c'est juste dommage de passer ainsi à côté de la vérité de l'homme et de Dieu !

Peut-on croire la Bible ?

Gérard Billon, bibliste,
directeur des *Cahiers Évangile*,
enseignant à l'Institut catholique de Paris

La création du monde en sept jours, le Déluge, la mer Rouge qui s'ouvre pour laisser passer les Hébreux, Jésus qui marche sur les eaux ou qui rend la vie à Lazare mort depuis quatre jours… La Bible est pleine de récits étonnants ; à quoi correspondent-ils dans la réalité ? Ils se trouvent dans les livres de la Genèse et de l'Exode pour les premiers et dans les Évangiles pour les derniers. Remarquons que ceux que nous venons de nommer appartiennent aux deux pôles des Écritures que sont le Pentateuque ou *Torah*, base de la foi juive, et les Évangiles, base de la foi chrétienne. C'est à ces deux pôles que le rationalisme, à la suite de la critique historique, s'est attaqué, soupçonnant la réalité historique de ce type de faits… et donc la crédibilité du discours croyant.

Il faut le reconnaître : plusieurs récits n'hésitent pas devant le merveilleux et l'invraisemblable. Est-ce à dire qu'il ne s'est rien passé ? Non — et là je pense surtout aux actions de Jésus. Il est difficile d'en saisir les contours, mais il est possible d'en percevoir le sens. Tels qu'ils sont, les récits parient sur la force d'un langage qui est plus celui de la poésie que de la science (du moins d'une science positive). Le langage poétique « bricole » avec des mots, des images, du rythme, des intuitions qui, parfois, vont chercher très profond dans l'âme humaine. Devant un poème, la question de l'historicité ne se pose pas. Concernant la Bible, ce qui se pose, c'est l'impact que ces récits ont eu sur des générations de croyants et qu'ils peuvent avoir sur moi.

L'Ancien Testament est composé d'une quarantaine de livres. Tous doivent être abordés avec recul et bienveillance. Le regard critique n'est pas forcément suspicieux. La critique, c'est l'art de juger un livre. Le jugement peut être négatif, positif, mitigé, interrogatif, admiratif ! L'historien veut savoir quand et comment tel récit a été écrit et c'est bien. Prenons une comparaison : dans un musée, vous admirez un tableau, le guide vous explique qui l'a peint, à quelle occasion, quelle scène il représente, quel type de support et de peinture ont été utilisés, etc. Il détaille des caractéristiques techniques et informatives. Celles-ci entrent pour une part dans la compréhension du choc esthétique ressenti. Pour une part seulement, car la beauté échappe aux définitions. Pour la Bible, il y a quelque chose d'identique : nous pouvons chercher et parfois reconstituer sa génétique, son histoire, mettre au jour la composition d'un passage, ses procédés littéraires, ses idées. Cela ne nous dit pas vraiment pourquoi le récit du Déluge ou la victoire de David sur Goliath nous frappent. Ni pourquoi des écrivains ont estimé nécessaire de les rapporter. Ce sont des œuvres d'art. Que les événements soient historiques ou non, il reste cette énigme : les récits nous touchent et nous font vivre. Faut-il les croire ? Bien sûr ! « Croire » est bien plus large et plus profond que « savoir ». Dans croire, il y a un mouvement de confiance. Le langage poétique nous y mène. Des non-croyants lisent les récits bibliques, les « vraisemblables » comme les « invraisemblables » ; ils disent y puiser de l'énergie car il y a en eux une puissance — disons « artistique » — qui interroge tout être humain. Les croyants, eux, y puisent de la foi car ils entrent dans le dialogue entre Dieu et son peuple ; l'expérience qu'ils vivent ensuite grâce à cette lecture conforte leur foi.

Je pense qu'Adam et Ève n'ont jamais existé, mais les chapitres 2 et 3 du livre de la Genèse forment un très beau et très fort conte théologique (les savants parlent de « mythe » ou de récit fondateur). D'un mot — car il faudrait des pages et des pages — il nous laisse entendre qu'au départ — c'est-à-dire au fond de nous-mêmes, « fondamentalement » — l'homme et la femme sont égaux, que leur relation est différenciée, paritaire et harmonieuse. Ce conte nous plonge dans une vérité qui est à la fois antérieure à notre venue au monde et utopique, tendue vers le futur. Dans l'entre deux, il y a la « dis-harmonie », le soupçon, le manque de confiance, les cassures entre l'être humain et Dieu, et les animaux, et la terre, entre l'homme et la femme enfin. Mais cette réalité dans laquelle nous sommes englués chaque jour n'est pas fatale. L'utopie trouve un début de réalisation dans l'expérience des couples qui s'aiment, dans tous les combats pour la justesse des rapports avec les autres, avec la nature, avec Dieu. Elle est réactivée dans les Évangiles, dans la lettre aux Éphésiens, etc.

Les récits bibliques qui flirtent avec la fiction nous plongent donc une vérité de l'ordre de l'expérience, de l'existence, de l'espérance. Si c'était des fleuves je dirais que la critique historique se concentre sur l'amont : d'où viennent-ils ? alors que la critique esthétique s'intéresse à l'aval : où nous mènent-ils ? Nous pressentons des contrées mystérieuses qui sont à la fois en nous et hors de nous, là où notre identité humaine rencontre Dieu, son Alliance, son salut, etc.

Perturbés par la critique historique, quelques chrétiens adoptent une lecture dite « fondamentaliste ». Les récits merveilleux raconteraient à leur manière une vérité factuelle, visible, sensible. Or leur vérité est poétique, philosophique, théologique, existentielle… Au musée du Louvre, on a récemment restauré le tableau de Léonard de Vinci intitulé *La Vierge à l'Enfant avec sainte Anne*. Dans ce chef d'œuvre, le portrait n'est pas factuel mais théologique. Certes, il est possible, avec un regard de psychanalyste, d'y retrouver un souvenir d'enfance du peintre ; une certaine vérité historique apparaît alors, d'ordre biographique. Mais en quoi cela nous concerne-t-il, nous ? Il est beaucoup plus important de méditer le jeu des regards et des gestes vibrant d'amour maternel, et surtout la mise en rapport, par ces femmes magnifiques, mère et fille, de l'ancienne et de la nouvelle Alliance, orientées vers l'enfant qui, nous le savons, est le sauveur du monde.

Il faut apprendre à lire les textes avec « un certain regard ». Un regard bienveillant, sollicité dès le moment où nous enquêtons sur leur origine, leur composition, leur transmission. Cette enquête nous permet de les connaître mieux, mais elle ne suffit pas. Prenons deux personnes qui se connaissent depuis peu : elles tissent des liens en se racontant leur histoire, leurs goûts, leurs intérêts... L'échange va bien au-delà d'un partage d'informations. Les récits bibliques, tant ceux de la Torah pour les Juifs que des Évangiles pour les chrétiens, n'ont pas été écrits d'abord pour nous informer de ce qui s'est passé — ils en avaient le désir, mais leurs sources étaient lacunaires, du moins pour l'Ancien Testament. Ils ont été écrits surtout pour nous former comme croyants.

Prenons, dans le Nouveau Testament, les récits des miracles de Jésus. Les lire « au pied de la lettre » est une erreur. Pour un esprit rationnel, Jésus marchant sur les eaux, c'est invraisemblable. Or le vrai, quelquefois, n'est pas vraisemblable, dit-on ! Le « vrai » ici n'est pas le réalisme de la chose mais la conviction que Jésus, fils du Dieu créateur, domine le chaos, met de l'ordre là où règne la confusion. Les premiers chrétiens ont recueilli des éléments de la part de ceux qui ont connu Jésus mais l'aspect biographique (le fait) est passé derrière l'aspect théologique (le sens). Ils ont composé un récit pour transmettre que Jésus de Nazareth était le Christ, le Messie, l'espoir d'Israël, le Fils de Dieu, le sauveur du monde. C'est bien la vérité de Jésus, non ? Je ne sais pas ce qui s'est effectivement passé.

Ma raison me dit que la marche sur les eaux, ce n'est pas possible. Mais elle me dit aussi que la manière d'écrire l'histoire dans l'Antiquité n'est pas la nôtre, ni l'imaginaire, ni la conception du monde. Alors ? Saint Anselme affirmait : « Il faut croire pour comprendre, il faut comprendre pour croire. » Quand un croyant lit, sa foi grandit. Plus il lit, plus sa raison est interrogée, plus il a envie de relire, plus il avance dans la foi de l'Église.

Je conseillerais aux chrétiens perturbés par tout cela de s'intéresser davantage à l'art de raconter dans la Bible. Les écrivains bibliques n'ont rien à envier aux grands écrivains d'aujourd'hui. Tous sont à la recherche de la vérité par le biais de la beauté. Vérité de Dieu et de l'être humain. Vérité à vivre. C'est toujours un pari et un risque, le beau risque de la foi.

De quelle faute Adam et Eve se sont-ils rendus coupables ?

Anne Soupa, bibliste,
ancienne rédactrice en chef de *Biblia*

Dans le livre de la Genèse, Adam et Eve évoluent, heureux, dans le vaste jardin de Dieu. Et voici que le serpent rompt cette belle unité. La suite de l'histoire, nous la connaissons : chassés du paradis, Adam et Eve se confrontent au monde et portent à tout jamais le poids de cette faute que l'on qualifie d'originelle. Cependant, je ne suis pas sûre que les choses soient aussi tranchées. La relation à Dieu était-elle aussi bien installée, aussi harmonieuse ? Quant au serpent, c'est une simple créature de Dieu, ce n'est pas la personnification du mal, un dieu du mal, par exemple. Il pratique une technique de questionnement par répétition : « Et alors, Dieu a dit que vous ne mangerez pas de tous les arbres du jardin ? », question à laquelle la femme répond de manière assez honnête : « Oui, Dieu nous a dit que nous pouvions manger du fruit de tous les arbres, sauf un. » Vous observerez que le serpent a présenté déformé l'interdit en l'amplifiant. Et il va même plus loin, il se fait plus rusé, il introduit la convoitise dans le cœur de la femme : « Il a dit que vous mourrez. Vous ne mourrez pas, mais vous pourriez devenir comme des dieux, vous connaîtriez le bien et le mal. » La femme se rend compte que le fruit est séduisant, qu'elle aurait bien envie d'en manger et de connaître le discernement. Elle a envie de ce qu'elle ne peut avoir. Sans le serpent, elle ne l'aurait pas vu. Il a fallu que quelqu'un lui murmure à l'oreille qu'elle ne pouvait pas vraiment faire tout ce qu'elle voulait, et qu'il y avait une chose à laquelle elle n'avait pas droit. La convoitise apparaît quand on vous montre que vous ne pouvez pas « tout » faire.

Aujourd'hui, ce « on » peut concerner tout le monde. Cela peut être nous-mêmes, quand nous sommes insatisfaits et que nous allons murmurer à l'oreille des autres qu'eux non plus ne font pas tout ce qu'ils veulent, que leurs revendications sont mal comprises, etc. Peut-être le serpent était-il frustré, avait-il une rancœur envers Dieu qui ne lui avait pas donné de jambes pour marcher au dessus du sol, et il a cherché à se venger en utilisant la femme. Je pense que cette dernière avait une sensibilité plus vive et plus attentive, elle était plus à l'écoute. C'est probablement culturel.

Comment ce récit a-t-il été rédigé ? C'est très mystérieux. Les projections culturelles du temps ont joué. Adam et Eve ne sont bien sûr pas des personnages historiques. Ce récit est un poème, un mythe qui décrit la création du premier homme et de la première femme, et l'expérience de la convoitise, que l'on a qualifiée de « péché originel ». Cependant, cette expression, « péché originel », n'apparaît pas dans la Bible. Nous la devons à saint Augustin, au IVe siècle, bien longtemps après la rédaction de la Genèse. Plus encore, ce récit ne parle même pas de « péché ». La première fois que le mot apparaît dans la Bible, c'est au sujet de Caïn et Abel au chapitre 4. On dit que Caïn a mal fait, la condamnation est formelle. Tuer le frère est un vrai péché contre une créature de Dieu. Dans l'histoire d'Adam et Eve, il s'agit plutôt d'une dénonciation de la distance que l'on prend avec Dieu. D'un défaut d'écoute profonde, attentive. Dans ce jardin, Dieu avait tout conçu pour le bien. Il avait simplement dit que l'homme ne pouvait pas prendre de tout. Nous ne pouvons pas manger des pierres, cela nous ferait du mal ! Toute personne est capable de comprendre qu'il y a des choses qui ne nous font pas du bien, ce qui était le cas de cet arbre-là. Mais à partir du moment où apparaît la convoitise, l'insatisfaction, une méfiance dans la relation entre le couple et Dieu, tout peut arriver.

Le soir venu, Dieu parle à Adam et Eve et les met devant la réalité de leur honte. Ceux-ci se cachent. Sans violence, dans la douceur, Dieu va au-devant d'eux parce qu'il veut la vérité, il ne veut pas les laisser dans la honte, dans le non-dit. Je le trouve très attendrissant.

Bien sûr, il les chasse. Mais est-ce vraiment une punition ? Spontanément, nous voyons le paradis comme un état passé éternellement disparu, un peu comme notre enfance évanouie, notre état intra-utérin… Le texte biblique nous invite au contraire à voir que le paradis est au terme de notre histoire, un état futur, la vie éternelle. Il est devant nous. Pour revenir au paradis, il faut bien en sortir ! Le paradis nous attend. C'est ce que le livre de l'Apocalypse appelle la Jérusalem nouvelle.

Le péché d'Adam et Eve nous concerne encore. La convoitise est toujours là. La meilleure parade, c'est d'être heureux de ce que nous avons, d'en jouir, de le savourer. C'est un travail de tous les jours, que nous pouvons faire aussi pour les autres, en leur renvoyant une image positive d'eux-mêmes, en leur montrant leur chance, leurs qualités, tout ce qu'ils ont pour être heureux et qui peut désamorcer une éventuelle convoitise.

Je crois que le péché de convoitise est celui que Dieu déteste le plus, parce qu'il nous rend malheureux. Nous sommes les premières victimes de notre convoitise. Nous pouvons manger de tous les arbres, sauf d'un, c'est tout de même considérable, et voilà que nous nous faisons du mal avec le seul qui nous est interdit. C'est assez paradoxal !

Comme l'histoire d'Adam et Eve se poursuit avec celle du meurtre d'Abel par Caïn, je crois que cet arbre interdit représente pour nous aujourd'hui ce qui nous fait du mal : pécher contre nos frères, contre la solidarité. Je pense que la vraie solidarité est le meilleur remède contre la convoitise.

Finalement, tous ces récits bibliques, qui datent de temps immémoriaux, sont toujours d'une très grande actualité ! Nous avons tous à nous demander : sommes-nous heureux de ce que nous avons ? Vivons-nous dans la joie ce qui nous est donné, ou connaissons-nous le souci de désirer ce que l'autre possède ?

L'étoile qui a guidé les mages vers la crèche a-t-elle vraiment existé ?

Jean-Christian Petitfils, historien et écrivain, auteur du *Dictionnaire amoureux de Jésus* (Plon)

L'étoile qui a guidé les mages est mentionnée dans l'Évangile selon Matthieu. Cette histoire m'a toujours passionné. Je me demande s'il s'agit d'une vision intérieure, d'une légende, ou d'une réalité. Au Livre des Nombres, la prophétie de Balaam, ce païen fils de Beor, annonçait la venue d'un messie en Israël et d'une étoile mystérieuse. Dans les Évangiles, les mages disent à Hérode le Grand avoir « vu son astre se lever en Orient ». Inquiet, celui-ci consulte aussitôt ses astrologues, tandis que les mages repartent. L'étoile, qui avait disparu, réapparaît alors pour les guider jusqu'au village de Bethléem. Tout ceci est une belle histoire, que beaucoup pensent légendaire.

Est-elle fondée sur une réalité ? On sait que le 17 décembre 1603, à Prague, l'astronome Kepler observe le ciel et remarque une conjonction des deux plus grosses planètes du système solaire, Jupiter et Saturne, dans la constellation des Poissons. Ses calculs l'amènent à conclure que la même conjonction s'était déjà produite sept ans avant notre ère. Il se souvient qu'un rabbin portugais, Isaac Abravanel, avait prédit à la fin du xve siècle que le messie apparaîtrait lorsque Jupiter rencontrerait Saturne dans la constellation des Poissons. Il refait ses calculs et s'aperçoit que le phénomène s'est produit à trois reprises en l'an – 7, ce que les scientifiques contemporains ont confirmé. De plus, on a découvert en 1902 un éphéméride égyptien qui mentionne cette conjonction la même année. Un orientaliste allemand, Peter Schnabel, analysant des centaines de tablettes sumériennes retrouvées dans un observatoire mésopotamien, à une trentaine de kilomètres au sud de Bagdad, découvre aussi la même mention. Tout ceci renvoie des symboles très répandus en Orient, Jupiter étant le symbole du pouvoir royal, Saturne celui d'Israël, et les Poissons, qu'on appelait alors les Queues, celui des pays de la mer, la Judée et la Samarie.

De belles correspondances. D'autant plus que l'Évangile rapporte que l'étoile disparaît et réapparaît. Les astronomes modernes ont calculé que la conjonction s'est produite en l'an -7 du 29 mai au 8 juin, du 26 septembre au 3 octobre et enfin du 5 au 15 décembre.

Bien sûr, ce ne sont que des hypothèses, mais on peut imaginer que des mages de la diaspora juive vivant en Mésopotamie, voyant apparaître la conjonction en mai-juin, se sont dit qu'elle annonçait peut-être le Messie, et se sont mis en route en la voyant réapparaître en septembre. C'est le 3 octobre que la brillance du phénomène est la plus forte. Or le 3 octobre, c'est le jour du Kippour, la grande fête du Pardon juif, le seul jour de l'année où le prêtre entre dans le Saint des Saints, prononce le nom de Yhwh et envoie au désert un bouc chargé de tous les péchés d'Israël. Cette coïncidence a peut-être déclenché le départ des mages, qui trois mois plus tard arrivent à Jérusalem et voient réapparaître l'étoile le 5 décembre. Tout ceci colle très bien au récit de Matthieu. On pourrait aussi imaginer que Jésus est né le 3 octobre, au moment où l'étoile brille le plus fortement.

On a pensé aussi que l'étoile était la comète de Halley, qui est apparue en -10, ce qui est un peu tôt, on a parlé de la comète 52 P apparue en -4, de la 53 P apparue en -5. Mais la comète est associée à un présage de malheur, il serait donc difficile de croire qu'elle peut être associée à la venue du Messie dans l'imaginaire des juifs de l'époque. L'hypothèse de Kepler semble la bonne.

Bien sûr, ce ne sont que des hypothèses, et la légende s'en est mêlée. On a donné des noms aux mages, on a rassemblé leurs reliques dans la cathédrale de Cologne, on a raconté qu'ils ont apporté à Jésus de l'or, de la myrrhe et de l'encens. L'or est le symbole du pouvoir royal, l'encens celui du pouvoir sacerdotal, et la myrrhe le baume qui guérit les blessures.

Je pense que les mages pourraient être des juifs qui connaissaient la prédiction de Balaam, alors qu'on les a plutôt considérés comme des païens, des représentants des Nations, des étrangers…

Certes, le psaume 72 évoque les rois de Tarsis, de Saba, de Séva, qui enverront au Messie des présents et se prosterneront devant lui. Mais il me semble que seuls des juifs pouvaient interpréter de cette façon la conjonction des deux planètes.

Je crois que ces textes ne sont pas de vagues poèmes merveilleux, mais qu'ils ont un réel et solide fondement historique.

Même si beaucoup de récits bibliques reprennent des récits mésopotamiens, ils transmettent quelque chose à notre foi. Ainsi, au sujet de la virginité de Marie : rien ne prouve sa véracité historique, mais on a retrouvé dans les manuscrits de la Mer Morte un texte attestant que, contrairement à ce qu'on croyait, les femmes juives n'étaient pas toutes destinées à avoir une progéniture nombreuse, mais que certaines pouvaient prononcer des vœux de virginité perpétuelle au sein même d'un mariage très pieux. Il s'agit d'un texte juridique qui explique que si une jeune fille a prononcé ce vœu avant d'être mariée, son père peut l'en relever. Si elle l'a prononcé en étant mariée sans que son mari soit au courant, celui-ci peut l'en relever. Et que si elle l'a fait avec l'accord de son mari, tous deux doivent le respecter. Cela rappelle les interrogations de Joseph.

Pourquoi l'Évangile selon Jean est-il si différent ?

Gérard Billon, bibliste, directeur des *Cahiers Évangile*, enseignant à l'Institut catholique de Paris

L'Église nous propose quatre Évangiles. Les textes ne sont pas signés et c'est au IIe siècle de notre ère qu'on les a attribués à tel ou tel. À la fin du quatrième Évangile, dit « selon Jean », on entend la voix d'un personnage extraordinaire appelé « le disciple bien-aimé ». Selon l'Évangile lui-même, c'est ce disciple qui l'a écrit. La tradition l'a identifié avec l'apôtre Jean, fils de Zébédée. Pourquoi pas ? Mais, comme le fait l'Évangile, il faut plus s'attacher à la fonction symbolique, théologique, du personnage qu'à son identification historique. Plus que les trois autres peut-être, le quatrième Évangile est en effet un texte « symbolique », au sens fort, c'est-à-dire qu'il relie Dieu et l'humanité. Théologique, il nous parle de Dieu, anthropologique, il nous parle de l'être humain.

Un détail a son importance : à la différence de Matthieu et de Luc, il ne raconte pas la naissance de Jésus et il donne à Marie un rôle très particulier. Celle-ci apparaît pour la première fois aux noces de Cana — et encore n'est-elle pas appelée par son nom ! L'Évangile selon Jean signale sa présence active à Cana d'une part — inauguration de la mission de Jésus — et au pied de la croix d'autre part — point culminant de la mission — où elle est avec Marie-Madeleine et le disciple bien-aimé (curieusement les autres Évangiles n'en parlent pas). Elle n'est pas appelée « Marie » mais « la mère de Jésus », ce qui insiste non pas sur l'historicité du personnage (qui va de soi), mais sur sa fonction théologique, symbolique, poétique — exactement comme le « disciple bien-aimé » ! Mère de Jésus, elle est notre mère, de même que « le disciple bien-aimé » est notre ancêtre dans la foi. C'est avec ce disciple, présent aux moments forts de la Pâque — dernier repas, crucifixion, découverte du tombeau vide —, que nous devons écouter Jésus et croire devant les signes de la croix et de la résurrection.

Les Évangiles n'ont pas été écrits d'un seul coup. Celui « selon Jean » l'a été par vagues successives. La dernière rédaction daterait des années 90 ou 100 de notre ère, les premières remontant peut-être aux années 70. Vers 70, l'Évangile selon Marc est terminé. Dans les années 80, c'est au tour des Évangiles selon Matthieu et selon Luc. Il est possible qu'ils aient été connus des communautés que nous appelons « johanniques » (car elles ont pour texte de référence le quatrième Évangile). Il y a en effet un fonds commun aux quatre Évangiles. Cependant certains épisodes ne figurent que chez Jean comme les noces de Cana, la rencontre avec Nicodème, la guérison de l'aveugle-né, la résurrection de Lazare — même si Marthe et Marie, sœurs de Lazare, apparaissent dans un autre Évangile, celui de Luc. La multiplication des pains est racontée dans les quatre Évangiles, mais le grand discours dit « du pain de vie » prononcé par Jésus ensuite ne figure que chez Jean.

L'Évangile selon Jean a une ligne de fond : Jésus de Nazareth est le « Verbe » de Dieu (sa Parole éternelle) qui, incarné, a parlé « humain » avec les humains ; si nous voulons connaître Dieu du fond de notre cœur, de notre corps et de notre intelligence, nous devons l'écouter et nous laisser informer par lui. Au début de l'Évangile, le Prologue dessine un mouvement magnifique : « Au commencement était le Verbe, et le Verbe était tourné vers Dieu, et le Verbe était Dieu » (verset 1). Ce Verbe « s'est fait chair » (verset 14), homme parmi les hommes. Conclusion : « Dieu, personne ne l'a jamais vu, mais le Fils unique, qui est dans le sein du Père, lui, nous l'a révélé » (verset 18). Ce dernier verbe, difficile à traduire, veut dire aussi « dévoiler », « faire connaître », « raconter ». Jésus de Nazareth est le récit de Dieu !

Non seulement les Évangiles ont cherché, après de longues années de maturation, à raconter ce qu'ils avaient compris de toute cette histoire, mais ils ont aussi raconté ce qu'ils n'avaient pas compris, notamment la mort et la résurrection de Jésus. Nous, aujourd'hui, peut-être n'avons-nous pas encore totalement compris ce qu'ils ont compris ! Pourtant, nous pouvons vivre de la résurrection… Même en additionnant toutes les informations des quatre Évangiles, nous n'aurons jamais fini de faire le tour de la personne de Jésus. Jean, différemment des trois autres, nous invite à être des disciples à la suite de celui « que Jésus aimait ».

L'Évangile selon Jean comporte deux grandes parties : les douze premiers chapitres racontent les « signes » posés par Jésus, en particulier dans quelques rencontres choisies. Le récit de ces rencontres atteint au symbolique :

Jésus et Nicodème, grand intellectuel du monde juif, ou Jésus et la Samaritaine, membre d'un peuple dont on se méfie, considéré comme hérétique, et femme qui a été mariée cinq fois. Le salut concerne tout autant Nicodème que la Samaritaine. Il y a aussi le paralysé de Béthesda, l'aveugle-né, Lazare… À partir d'une rencontre simple, ordinaire, Jean brosse des scènes grandioses avec un fil rouge : le salut de Dieu est pour tous.

À partir du chapitre 13, commence la deuxième partie : jusqu'au chapitre 19, il raconte les dernières heures de Jésus, du dernier repas à la mort sur croix. Puis les chapitres 20 et 21 sont consacrés à une méditation sur le Christ ressuscité, présent à son Église. Le temps y est comme suspendu. Le dernier repas n'est pas eucharistique comme chez Marc, Matthieu et Luc ; il commence par le lavement des pieds (ignoré des autres Évangiles), geste symbolique, prophétique, qui se continue par de longs discours. La Cène devient un repas testamentaire, rythmé par le refrain : « Aimez-vous les uns les autres comme moi je vous ai aimés. » Le testament se conclut par une prière dite « sacerdotale » (chapitre 17) : nous sommes parmi les disciples et nous entendons Jésus parler à son Père. Tout est raconté de manière très simple (le grec de Jean n'est pas très recherché) et pourtant c'est un texte difficile à suivre, qui fait des retours en arrière, qui prend de la hauteur…

L'Évangile selon Jean est l'Évangile de l'amour à condition de bien comprendre ce qu'est l'amour. Jean ne parle pas de l'*eros* (relation amoureuse) mais de la *philia* (amitié) et de l'*agapè* (don de soi pour que les autres vivent). « Il n'y a pas de plus grand amour que de donner sa vie », cela, non seulement Jésus le dit, mais il le fait.

Chaque Évangile a sa puissance. Celui selon Jean apporte un éclairage original : il insiste sur le fait qu'en contemplant Jésus-Christ qui parle et agit nous avons accès au mystère de Dieu. « Qui me voit, voit le Père », dit Jésus à Philippe. Nous, nous n'avons jamais vu ni Dieu, ni Jésus, mais les « signes » écrits par le disciple bien-aimé nous le donnent à voir désormais.

Quelle place ont les femmes dans les récits bibliques ?

Michel Legrain,
auteur du *Dictionnaire des femmes de la Bible* (Cerf)

J'ai dénombré une centaine de femmes dans la Bible. Tout le monde connait certaines d'entre elles, célébrées par les peintres et les poètes. Ève, bien entendu, Judith qui a coupé la tête de Holopherne, général des armées assyriennes, Esther qui a sauvé son peuple en épousant Assuérus, Suzanne au bain surprise par les vieillards, Ruth la Moabite allongée aux pieds de Booz endormi… Il en est cependant de nombreuses qui ont joué aussi un rôle dans l'histoire du peuple élu, mais dont, par l'effet d'une misogynie millénaire, on n'a pas même pris soin de citer le nom.

Comment s'appelaient les filles d'Ève, dont descend toute l'humanité ? Comment s'appelait la femme de Lot, qui a fui Sodome avec son mari et ses deux filles et a été transformée en statue de sel pour s'être retournée sur son destin funeste ? Comment s'appelaient ces deux filles qui ont fait boire leur père deux nuits de suite et se sont approchées de lui pour lui assurer une descendance ? Et pourtant on connait le nom des enfants issus de ces incestes.

Une femme joue son rôle si elle ne fait pas la coquette en ville, si elle reste chez elle à faire le ménage et la cuisine, à ravauder, à transmettre la vie et les codes, si elle accueille avec générosité et sans ostentation le visiteur. Elle est la femme, la compagne ou la fille de…

La stérilité d'une femme ou sa virginité perpétuelle sont considérées comme des malédictions en punition par Dieu de fautes que l'on aurait commises. Et il vaut mieux faire appel à une mère porteuse que rester un fruit sec. La Bible abonde en récits de mise au monde pour une tierce femme incapable de donner la vie par elle-même. Des douze enfants de Jacob, par exemple, plusieurs sont ainsi venus au monde par l'obligeance des servantes de Rachel et Léa, les deux épouses.

La Bible véhicule les obsessions des hommes depuis la plus haute Antiquité. C'est ainsi que la femme est à la fois un objet de désir, de crainte, de dégoût. Elle est cet être paradoxal qui charme, envoûte, mais conduit vite les hommes à leur perte s'ils n'y prennent garde. Elle peut être séduisante, elle n'en est pas moins impure par nature. C'est elle qui perd son sang une fois par mois et qui a besoin de se purifier. Quand David regarde du haut de sa terrasse Bethsabée faire sa toilette, le texte ne le condamne pas. Il ne dit pas qu'il a mal fait d'envoyer chercher cette femme pour s'unir à elle alors qu'elle était une étrangère mariée à un Hittite. Le texte dit seulement qu'elle s'était purifiée de ses règles. David n'a pas couché avec une femme souillée. L'honneur est sauf. Quand une femme a accouché, elle doit se purifier et ceci deux fois plus longtemps si l'enfant qu'elle met au monde est une fille !

Les femmes, si elles sont désirables, sont monnayables et font parfois l'objet de marchandages de la part d'hommes qui nous paraissent aujourd'hui sordides. Lorsque Lot a reçu les anges du Seigneur venus lui intimer l'ordre de quitter Sodome, des hommes de la ville frappent à sa porte et demandent au maître de maison de leur remettre ses hôtes « pour que nous leur fassions ce que nous faisons aux hommes. » Lot refuse et déclare : « Prenez mes filles et faites-leur ce que vous voulez. » On peut imaginer que Lot, astucieux, savait que les Sodomites ne seraient pas tentés d'abuser de jeunes filles. Je suppose plutôt que le respect des lois sacrées de l'hospitalité était pour lui plus important que l'honneur des demoiselles.

Et pourtant, lorsqu'une femme ou une fille est souillée par un étranger, un Philistin, par exemple, celui-ci ne mérite aucune pitié. Ce qui est intolérable chez un païen est toléré, admis ou même encouragé chez un Hébreu. Jézabel, puis sa fille Athalie, qui respectaient la religion de leurs pères de préférence à celle des Juifs, l'ont payé de leur vie. Dans *La Bible d'une grand-mère* de la comtesse de Ségur, Jeanne, l'une des petites-filles de la narratrice s'étonne qu'on soit indulgent avec Samson qui, armé d'une mâchoire d'âne, tua plusieurs milliers de Philistins. La comtesse lui répond que « les Philistins étaient comme les autres peuples infâmes et maudits. Ils ne méritaient aucune miséricorde. » Dalila est coupable d'avoir aidé les Philistins à couper les tresses de cheveux de ce même Samson pour lui retirer ses forces. La Philistine, qui avait risqué sa vie pour sauver les siens est la Judith de l'autre camp, cette Judith qui avait séduit Holopherne, l'avait subjugué par son charme et l'avait fait boire pour entrer plus facilement sous sa tente et mieux le décapiter. La femme cesse d'être perverse si les tromperies qu'elle met en œuvre sont au service du peuple élu. On ne pardonne pas aux femmes d'être des séductrices roublardes, à moins qu'elles ne le soient pour la bonne cause, comme en témoignent les manœuvres d'Esther pour se faire épouser par un Assuérus ignorant qu'elle fût juive.

Les hommes ont la part belle dans la Bible parce qu'ils se mettent toujours en avant et exigent que leurs compagnes s'effacent derrière eux. Les prophètes le rappellent à l'envi : « Reste à ta place, rentre chez toi. » Il y a un texte sur la « bonne ménagère », femme idéale qui ne se montre pas, ne dit rien et admire son homme là même où elle pourrait le mépriser.

Chacun sait que le péché a été introduit par une femme et que c'est la femme qui le porte en son sein et le transmet. Ève, femme tentée puis tentatrice, coupable d'un stupide égarement au fond du premier jardin, a jeté l'humanité sur les chemins de l'exil et l'a condamnée à souffrir jusqu'à l'arrivée du Rédempteur. Dans la *Genèse*, quand Dieu se promène dans son jardin « à la brise du jour », il demande : « Adam, où es-tu ? Je ne te vois pas. Tu te caches ? » — « Oui, Seigneur. » — « Pourquoi te caches-tu ? » — « Je me cache parce que je suis nu. » « Comment sais-tu que tu es nu ? Tu as donc goûté à l'arbre de la connaissance du bien et du mal ? » — « Non, répond Adam, c'est elle, celle que tu as mise à mes côtés. » Quelle incroyable lâcheté ! J'ai de la tendresse pour notre mère à tous, la première, celle qui a pleuré son enfant mort, comme Marie, appelée la Nouvelle Ève, qui fut désignée comme notre mère, pleurera son fils Jésus au pied de la croix.

Certains poètes, comme Victor Hugo et Péguy, ont eu de la tendresse pour cette première femme traitée comme une brebis galeuse. Péguy écrit dans l'immense poème qu'il lui consacre : « Je vous aime tant, ô première pauvresse, première assujettie à la loi de la mort, et première exposée aux coups d'un nouveau sort. Je vous aime tant, ô mon âme, ô ma mère. »

Adam aura de nombreux disciples dans le registre de la lâcheté. Abraham, vénéré comme le père des croyants dans les religions révélées, aimait sans doute Sarah, mais pas au point de risquer sa propre vie pour défendre son honneur. Quand il arriva en Égypte, fuyant la famine que subissait le pays de Canaan, il présenta Sarah comme sa sœur et accepta qu'elle entrât dans le harem de Pharaon pour avoir la vie sauve.

La Bible manifeste ainsi une défiance constante à l'égard des femmes, si on fait exception de quelques héroïnes qui ont bravé les interdits pour servir la cause du peuple élu.

En revanche, les évangélistes font novation en nous disant le respect, la capacité d'écoute et de pardon, la tendresse que Jésus eut pour les femmes. Le Christ désigna du haut de son gibet Marie comme notre mère. Ce n'est pas l'un de ses disciples mais bien une femme qui témoigna pour les siècles à venir qu'au matin du troisième jour le tombeau de son ami était vide.

Pourquoi Jésus s'entourait-il de femmes ? Quel regard portait-il sur elles ?

Anne Soupa, bibliste, ancienne rédactrice en chef de *Biblia*

On dit souvent de Jésus qu'il « ose » s'entourer de femmes, mais c'est tout de même assez normal. Jésus ne fait que suivre la parole de Dieu au livre de la Genèse, qui crée l'humanité « double », homme et femme. Bien sûr, il est novateur, mais au regard des moeurs du temps, et non du dessein de Dieu. Comme Jésus obéit à ce dernier, il s'adresse d'abord à des êtres humains, quels qu'ils soient. Il se trouve que beaucoup de femmes viennent au devant de lui ; il leur parle, les écoute, les soulage ou répond à leur quête spirituelle.

D'ailleurs les évangélistes n'ont pas occulté la présence des femmes. Dans leurs récits, elles sont nombreuses, même si l'attitude de Jésus envers elles les laisse parfois dubitatifs. Dans l'épisode de la Samaritaine, par exemple, ils vont faire les courses — c'est drôle, non ? — et quand ils reviennent, le panier plein, ils voient Jésus parler à cette femme. Et l'évangéliste dit : « Personne n'osait lui demander pourquoi il parlait à cette femme ».

Il y a effectivement beaucoup de femmes dans l'entourage de Jésus. Luc nous dit au chapitre 8 : « Il y avait un certain nombre de femmes qui suivaient Jésus depuis la Galilée. » Il cite Marie-Madeleine, la femme de Chouza et plusieurs autres. Luc établit une liste de femmes assez symétrique à la liste des Douze. Elles sont moins nombreuses, mais elles forment une sorte de groupe chargé lui aussi d'annoncer l'Évangile, sans doute davantage au sein de la communauté des disciples qu'en dehors.

On dit aussi que ces femmes, riches, aidaient Jésus pour que le groupe ait de quoi vivre. Mais l'explication par la richesse ne suffit pas. Jésus, que l'on peut considérer come un pionnier des droits de l'homme, l'aura été en soutenant la parole des femmes. Et là, il tient bon ! Jamais il ne mentionne les prescriptions d'impureté de la loi, et dans ses relations avec les femmes, il n'en tient aucun compte. Hommes ou femmes, ils sont bien du même terreau.

Pour l'époque, c'est extraordinaire. Il y avait de nombreuses discriminations dans la société juive, les femmes étaient confinées, ou plutôt affectées à la vie familiale et domestique. Cependant, nous ne devons pas sous-estimer la valeur que ces peuples anciens, numériquement très faibles, attribuaient à l'engendrement, au fait de perpétuer la famille et la tribu. Un enfant était une bénédiction, il garantissait que le peuple allait s'accroître, ce qui était vital pour la survie de tous. L'histoire biblique est une histoire de familles, plus qu'une histoire de rois et de puissants. Ce sont les familles qui s'accroissent. S'occuper « des générations », comme le dit la Bible, est très valorisant.

Outre cette fonction, le rôle spirituel, théologique, des femmes que rencontre Jésus est étonnant. Ainsi de Marthe et Marie, à côté de qui la figure de leur frère, Lazare, est bien pâle. Marthe délivre l'une des plus belles confessions de foi de l'Évangile de Jean. Quant à Marie, à la veille de la Passion, alors que Lazare est revenu à la vie et qu'on tient un banquet pour le fêter, elle se met aux pieds de Jésus, et sans un mot, livre un discours théologique de grande valeur : elle renverse du parfum sur ses pieds. Elle pratique l'onction, en général réservée au cadavre du défunt. Mais en oignant les pieds d'un vivant, elle suggère qu'on n'aura pas à le faire sur le corps d'un mort, et elle annonce ainsi la Résurrection. La finesse spirituelle de ces deux sœurs est prodigieuse.

En tant qu'homme, Jésus recherchait chez ces femmes ce qu'il n'avait pas, selon les critères culturels du temps, certes. Et vice versa. Je crois que la relation différenciée entre homme et femme a joué pleinement. C'est une réalité que l'on a encore du mal à voir dans l'Église, au motif que Jésus était célibataire. Pourtant, ce célibat n'est mentionné nulle part dans les Évangiles. C'est très étrange, c'est un célibat qui est de l'ordre de l'évidence et de… l'inévidence. On n'en dit rien, c'est au lecteur de décider. Ce non-dit des Évangiles a énormément pesé dans l'histoire de l'Église, au point qu'il a créé une sorte de malaise et qu'on a eu peur de regarder de front les relations de Jésus et des femmes. Personne ne peut affirmer qu'elles sont de nature érotique ou non, mais à l'évidence, elles jouent pleinement de la différence entre l'homme et la femme.

Le lecteur devine sans peine que Jésus est allé chercher auprès des femmes un appui à des moments critiques de sa vie. À Cana, il réagit aux paroles de Marie, qui, en parlant aux serviteurs, l'a poussé hors du nid. Jésus lui rétorque : « Que me veux-tu ? Mon Heure n'est pas venue ». Certes, il n'est pas prêt, mais avant que l'Heure ne vienne, il a tout son ministère et sa prédication à assurer. C'est sa mère qui l'aide à s'en rendre compte.

Les femmes, elles, cherchent auprès de Jésus une sorte de puissance. Celles qui sont souffrantes, celles qui ont un enfant malade, celles qui sont prises par des démons cherchent la puissance salvatrice de Jésus.

Qui ne voit qu'aujourd'hui les hommes souffrent de la place que prennent les femmes ? Que faire ? Comme tout ce qui a trait à notre identité, la féminité ou la masculinité sont souvent « l'affaire de l'autre ». Les femmes peuvent aider les hommes à reformuler et à approfondir ce qu'est leur nouvelle vocation d'hommes dans notre société égalitaire.

Face à Jésus, l'attitude des hommes est très différente de celle des femmes. Bien sûr, il y a des hommes qui viennent lui demander le salut, comme les malades ou le centurion. Mais nombre d'hommes se mettent en position de rivalité. Il y a souvent une lutte de pouvoir entre les hommes, tandis qu'avec les femmes, ce n'est pas le cas.

C'est donc une relation très naturelle qui s'établit entre Jésus et les femmes, et en même temps, elle a quelque chose d'une humanité très accomplie qui arriverait à entendre la Bonne Nouvelle. Aucune des femmes que

Jésus a rencontrées ne l'a renié ni abandonné, toutes ont entendu l'annonce évangélique. Aussi forment-elles une sorte d'Église mystique, certaine de son salut, heureuse de suivre son Seigneur. Je suis admirative et fière de leur attitude.

Qu'est-ce qu'un ange ?

Franck Javary, curé de la cathédrale de Nanterre

La Bible mentionne beaucoup d'anges, qui ont une fonction bien précise : ils sont les messagers de Dieu. Et dans l'iconographie chrétienne, les anges sont des êtres magnifiques. On emploie l'expression « être beau comme un ange ». Nous disons dans le Credo que Dieu est le créateur de l'univers visible et invisible. Dans cet univers invisible se trouvent les anges dont nous parle l'Ecriture, dont nous parle le Christ ainsi que toute la tradition.

Pour l'Église, les anges sont des êtres réels, des créatures, des êtres spirituels non corporels, dit le catéchisme, qui n'ont pas le même mode d'existence que nous. Sans corps, ils ont un mode d'existence purement spirituel, ce qui fait qu'ils ont une relation beaucoup plus directe que nous avec Dieu.

Ils sont des créatures éternelles, ne naissent ni ne meurent et, reflet de la splendeur de Dieu, sont dans un contact immédiat et direct avec leur créateur, ce qui n'est pas notre cas. Ils peuvent voir et contempler Dieu, ils peuvent aussi le rejeter.

En effet, étant un être spirituel créé par Dieu, l'ange est capable de liberté, de suivre Dieu ou non, de lui obéir ou de lui désobéir. La tradition chrétienne croit en l'existence d'anges qui ont rejeté le Seigneur, et qui sont, par ce choix, devenus mauvais. Et, à la tête de ces anges, nous parlons de Satan.

Ces anges mauvais cherchent à nous entraîner dans leur choix terrible de s'être séparés de Dieu. Le mot diable signifie « diviseur », il cherche à nous séparer de Dieu. Il ne faut pas laisser notre imagination voir partout et toujours des esprits mauvais à l'œuvre. Il y aurait un certain danger à se croire tourmenté, persécuté, car c'est le Seigneur qui règne sur nos vies. Mais il est possible que nous connaissions, à certains moments, une tentation particulière en lien avec un esprit réel, personnel.

Dans la tradition chrétienne, on a répertorié à travers les textes bibliques neuf « catégories » ou « chœurs » d'anges. Cet univers invisible reste très au-delà de notre perception, mais on peut en retenir l'idée d'une différenciation, avec des anges, des archanges, des chérubins, des séraphins, etc. Ce foisonnement, cette diversité, à l'image de la profusion que nous connaissons sur terre, est un signe de la bonté et de la générosité du Seigneur Dieu.

Que font les anges ? Ils adorent la face de Dieu, les anges bons en tout cas. Leur joie, c'est de contempler Dieu, de chanter sa gloire, et à la messe, nous chantons avec eux : « Saint, saint, saint le Seigneur ». Mais ils sont aussi des messagers de Dieu. Nous pensons bien sûr à l'ange Gabriel, qui a porté le message de l'Incarnation.

La Bible nous dit que les anges sont envoyés dans des circonstances exceptionnelles. Ce n'est pas tous les jours que Dieu envoie un ange porter un message particulier ! Cependant nous croyons que Dieu attribue à chacun de nous un ange gardien. Nous en avons le témoignage de Jésus lui-même, dans un passage rapporté par Matthieu, qui dit en parlant des tout-petits : « Ne les méprisez pas, car leurs anges voient constamment la face de Dieu. » Le monde des anges n'a pas seulement un lien général avec nous, mais entretient avec chacun un lien plus particulier.

Il existe au ciel un ange qui me connaît, qui veille sur moi, qui peut m'inspirer de bonnes pensées, de bonnes actions, et parfois même être le porteur d'un message particulier. Reconnaissons que c'est rare !

Croire en Dieu, c'est croire aussi aux compagnons qu'Il nous donne : nous demandons aux saints de prier pour nous, il en va de même pour les anges ! Nous pouvons leur demander de veiller sur nous, de nous soutenir… Ce sont des compagnons célestes. Dans l'amitié spirituelle, il y a ceux qui sont déjà au ciel, nos frères et sœurs les saints, et les anges qui contemplent la face de Dieu. Ils peuvent nous aider à prier, à contempler, à louer, à chanter ! Pensons à eux à la messe, pour aider notre esprit à s'élever vers notre patrie céleste. Les anges qui sont au ciel nous aident à nous unir à l'Église du ciel. Nous sommes en chemin vers la vie éternelle, et les anges sont de toute éternité dans cette vie de contemplation de Dieu, ils nous attendent, ils nous appellent, ils veulent nous montrer le Seigneur.

Les animaux iront-ils au paradis ?

**P. Luc Forestier, oratorien, théologien,
directeur de l'IER à Paris**

Cette question va bien au-delà du simple devenir des animaux après leur mort. Elle nous interroge d'abord sur la place des animaux aujourd'hui parmi nous. L'interaction entre les hommes et les animaux est très complexe et très ancienne. Ceux-ci ont été d'une grande aide pour l'homme, pour les travaux des champs, pour nous nourrir, pour nous vêtir, pour nous soigner. Par exemple, les animaux sont les premiers à tester des médicaments qui un jour nous soigneront. Enfin, nos animaux domestiques sont très importants, notamment aux deux extrémités de la vie : ils sont précieux pour l'éducation des enfants et pour la compagnie des personnes âgées. Ils jouent même un rôle thérapeutique dans certaines maladies. Pourtant, ces liens complexes avec les animaux peuvent aller jusqu'à une exploitation et une pression indues, ce qui constitue une forme de péché. Tous ces liens de consommation, de compagnonnage, d'aide au travail, etc. ne disparaîtront pas du jour au lendemain quand nous passerons dans le Royaume.

Au fond, qu'est-ce qui restera dans le Royaume, sinon des liens ? Tout ce que nous connaissons disparaîtra un jour. En revanche, les liens que nous aurons tissés resteront. On peut donc penser que de ce point de vue, les liens multiples que nous avons tissés avec les animaux demeureront également, mais d'une autre manière. Ainsi, il y a des personnes dont nous ne sommes pas proches et avec lesquelles nous n'avons aucune connivence, ou parfois même qui nous ont fait du mal. Comment ces liens-là vont-ils muter, se transfigurer dans le Royaume ? Nous ne savons pas, mais cette question concerne aussi toute la Création !

De plus, il y a une spécificité de nos sociétés urbaines et occidentales, que le pape François dénonce souvent : la solitude, qui est parfois voulue, mais qui est souvent subie. Pour de nombreuses personnes, la fréquentation d'un animal vivant est la seule manière de se souvenir qu'eux-mêmes sont vivants. Et on se heurte à une autre question qui est la frontière entre l'homme et l'animal. Dans notre société, l'originalité de l'humanité dans la Création est contestée sur deux points : la frontière homme-animal et l'humanité augmentée avec le post-humanisme. Je pense que le christianisme positionne correctement l'humanité, notamment avec l'encyclique *Laudato Si* du pape François : nous sommes indissociables de la Création, mais nous ne sommes pas similaires à des araignées ou à des cailloux ! Du coup, quand on parle du salut que le Christ apporte, il ne s'agit pas seulement du salut des humains, mais du salut de la Création. Pourtant, nous ne savons pas très bien comment cela se manifestera.

Dans toute la Création, les Écritures parlent beaucoup des animaux : le serpent de la Genèse qui nous trompe et nous mène au péché, les oiseaux du ciel auxquels le Christ nous invite à ressembler. Cependant, les animaux ne sont pas doués d'une conscience qui leur permet de poser des actes libres. On pourrait déterminer l'humanité par sa capacité à mentir, que le jeune enfant acquiert très tôt !

Quand Jésus nous invite à ressembler aux oiseaux du ciel, il recourt à une parabole qui signifie simplement que notre vie nous est donnée sans que nous ayons à la gagner. La vie est un don gratuit, que nous avons à transmettre gratuitement. Elle est donnée à tout vivant, et il y a des liens entre tous les vivants, y compris les plantes, qui sont certainement elles aussi associées au monde nouveau que nous ne connaissons pas. Nous avons également une interaction évidente avec le règne végétal, non seulement pour nous nourrir et nous habiller, mais aussi pour nous inspirer. Voyez comme la nature, les paysages, les arbres, les fleurs, sont pour nous des sources multiples d'inspiration : poétique, religieuse, et même scientifique, puisque le décryptage du fonctionnement d'une plante nous aide à comprendre bien d'autres choses. Dans les psaumes, les animaux et les végétaux nous permettent de méditer sur notre propre destin et sur notre responsabilité d'êtres humains, qui est unique.

L'histoire de l'arche de Noé parle d'une solidarité entre tous les vivants, même les plus affreux. Et la force de la Genèse n'est pas historique, mais politique : elle affirme qu'il n'y a qu'une seule race humaine par exemple. Et elle dit aussi qu'il y a une solidarité entre toutes les formes du vivant. Si tous les hommes ont la possibilité de choisir ou de refuser le salut offert par Dieu, les plantes et les animaux ne l'ont pas ! Parce que nous sommes libres, nous avons une très grande responsabilité, qui nous est propre, et qui donne toute sa grandeur à la vocation humaine, au sein d'une Création que Dieu veut et qu'il veut bonne.

Qui sont les évangélistes ?

Jacques Nieuviarts, assomptionniste, bibliste

Nous connaissons la vie de Jésus essentiellement par les écrits des évangélistes. Eux-mêmes ne se connaissaient pas entre eux. Ils disposaient en revanche de plusieurs sources donnant accès au trésor de la foi, le bien de toute la première Église qui vivait de ce message qui était en train de se transmettre.

On parvient à connaître le moment de leur écriture et à qui ils s'adressaient, en analysant leur manière de parler. Et puis les tout premiers Pères de l'Église parlent des évangélistes, d'un Matthieu par exemple, qui a écrit en hébreu ou araméen. Matthieu est à l'origine ce disciple qui a connu Jésus. Son évangile parle d'un scribe qui « tire de son trésor du vieux et du neuf » (Mt 13,52), et l'on se dit que c'est son propre portrait qu'il fait là.

Mais c'est probablement un autre qui, dans son sillage, a rédigé l'évangile que nous connaissons aujourd'hui, aux alentours des années 80. On sait qu'il s'adresse à une population particulière. Il suffit de lire son évangile pour voir qu'il fait sans cesse référence aux Écritures. À dix reprises il écrit : « C'était pour que s'accomplisse en plénitude la parole qui a été dite par les prophètes ». Il est enraciné dans les Écritures, et il est aussi en lutte contre le judaïsme de son époque, dont il est issu et pétri. En effet, lorsque le groupe des disciples de Jésus, peu à peu, se développe, intervient la chute de Jérusalem, une épreuve très rude et douloureuse dans le judaïsme. On a parlé parfois de l'anti-judaïsme de Matthieu, il s'agit plutôt d'une animosité née du conflit interne créé par l'affirmation chrétienne au cœur de ce judaïsme, et qui laisse des traces dans l'évangile de Matthieu (Mt 23).

De son côté, Luc, qui écrit comme Matthieu, vers 80, aime les pauvres, les pécheurs. Quand il parle, il parle à des pauvres, on le voit. Dans les béatitudes, quand Matthieu dit : « Heureux les pauvres en esprit ou de cœur » (Mt 5,3), Luc dit : « Heureux vous les pauvres »

(Lc 6,21). Il écrit en milieu païen, en faisant très peu référence à l'Écriture.

Luc n'est pas un disciple de la première génération, il le dit dès le début de son évangile, en s'adressant à « Théophile », nom qui veut dire « ami de Dieu » (Lc 1,1-4). Il écrit en terre non juive, on pense que c'est à Antioche, pour des chrétiens qui venaient du paganisme, donc d'en-dehors d'Israël. On sait par l'Épître aux Colossiens (Col 4,14) et par le témoignage de saint Irénée que Luc était proche de Paul et qu'il était médecin.

Marc, lui, écrit son évangile dix ans avant Matthieu et Luc, c'est le premier des quatre. C'est aussi le seul qui utilise le mot « évangile », et qui inaugure ce genre littéraire particulier, ce livre qui a l'apparence d'une biographie, mais qui veut avant tout saisir l'essentiel de la vie de Jésus, pour dire comment la rencontre de Jésus sauve. On sait qu'il était proche de Pierre, et dans les Actes des Apôtres, il apparaît sous le nom de Jean Marc, compagnon de Paul et Barnabé (Ac 12,25 ; Col 4,10). Les Pères de l'Église attestent qu'il a reçu le témoignage direct de l'apôtre Pierre. C'est donc un disciple de deuxième génération, mais qui tient son évangile d'un témoignage de première main.

On date l'évangile de Jean des alentours de l'an 100. Jean a connu Jésus, c'est le disciple Jean. Et même si ce n'est pas lui qui a écrit (il aurait dû atteindre pour cela l'âge de

90 ans), c'est bien son témoignage qui constitue le cœur de cet évangile, et qui a été transmis par ce que l'on appelle la communauté johannique. C'est un évangile qui a une teinte mystique, une écriture très grecque, une facture particulière où l'on oppose les ténèbres et la lumière, la vie et la mort, le jugement marquant la séparation entre ces éléments…

Les quatre évangiles sont quatre fresques aux couleurs très différentes pour nous dire le même mystère, celui de Jésus, fils de Dieu, qui nous sauve.

On parle au sujet des évangiles de Matthieu, Marc et Luc, des évangiles « synoptiques », ce mot voulant dire « qui se lisent d'un seul coup d'œil ». Si l'évangile de Jean est particulier, en revanche, les évangiles de Matthieu, Marc, Luc sont proches. Une étude comparative des trois nous a permis de comprendre que Matthieu et Luc ont dû connaître l'évangile de Marc. Ils ont aussi tous deux des éléments communs que Marc n'a pas. On a donc fait l'hypothèse d'une source commune à eux deux. Et puis chacun a des éléments propres. C'est ainsi qu'on a mis au jour une genèse des évangiles. L'évangile de Jean est d'une autre facture. Les synoptiques n'évoquent qu'une seule montée à Jérusalem, avant la Passion. Ils montrent ainsi l'enjeu de la vie de Jésus et ce qui le mène à la mort et à la résurrection.

Jean, lui, est plus proche de la réalité lorsqu'il montre Jésus qui se rend souvent à Jérusalem pour les fêtes ou les pèlerinages.

J'ai longtemps aimé lire Jean, un mystique, qui nous porte, puis j'ai beaucoup lu, avec des groupes, l'évangile de Marc, parce qu'il est le plus court. Aujourd'hui, je conseillerais de lire Luc, parce qu'il aime les pauvres et les pécheurs, parle beaucoup du pardon, fait une grande place aux femmes. On se sent bien dans l'évangile de Luc, il y a chez lui une belle espérance pour toute personne qui s'y ouvre.

Pourquoi avoir gardé les écrits de l'Ancien Testament ?

Gérard Billon, bibliste, directeur des *Cahiers Évangile*, enseignant à l'Institut catholique de Paris

L'Église a conservé dans son corpus d'Écritures saintes les textes du Premier Testament, textes qui nous présentent parfois un Dieu très différent de celui des Évangiles. Certains trouvent cela curieux, mais si j'avais été chrétien à la fin du 1er siècle, la question ne me serait même pas venue à l'esprit ! À l'époque, les communautés chrétiennes lisaient naturellement les Écritures de la grande tradition d'Israël. Commençaient à circuler, bien sûr, des écrits chrétiens, comme les lettres de Paul ou les Évangiles. Dans la liturgie de l'époque — elle se distingue de l'office juif parce qu'elle se tient le dimanche — on lit d'abord les « Prophètes » (en gros ce que nous appelons aujourd'hui Ancien Testament), puis les « Apôtres » (en gros, ce que nous appelons Nouveau Testament). La différence entre Ancien Testament et Nouveau se fait jour mais tous deux sont orientés vers le Christ vivant ! Au début du IIe siècle, à Rome, un nommé Marcion, prêtre ou ancien prêtre, a trouvé que les écrits de l'Ancien Testament ne correspondaient pas à l'image de Dieu que le christianisme a, selon lui, dessinée. Ses idées ont fait tache d'huile et provoqué la réaction scandalisée de plusieurs évêques dont Irénée de Lyon.

Marcion cédait à la tentation d'opposer le « Dieu de l'Ancien Testament », violent, méchant, disait-il, à celui de Jésus-Christ, bon et plein d'amour. D'un côté « le livre inflexible de Jéhovah, le code terrible du Père » et de l'autre « les Évangiles, si consolants et si doux », selon l'expression d'un personnage du romancier J. K. Huysmans. L'opposition a la vie dure. Il faut tout de même rappeler ce qu'est l'amour. Est-ce tout passer à quelqu'un, même ses pires actions ? Dans bien des écrits de l'Ancien Testament, Dieu est « colère ». Pourquoi ? Parce qu'il veut le meilleur pour son peuple et que sa « colère » fait office d'électrochoc. Les prophètes — Osée, Isaïe et les autres — le rappellent sans arrêt : « Regardez comme Dieu vous aime, il vous a tirés de l'esclavage, il vous a donné une terre… Et voyez comme vous vous conduisez envers lui, envers vos frères, surtout les plus pauvres. Si vous continuez ainsi, vous allez à la catastrophe ! » L'amour de Dieu, parce qu'amour, est exigeant, il responsabilise. Les livres de l'Ancien Testament, si divers, racontent cet amour.

L'Église a conservé ces écrits pour une autre raison. Il est impossible de comprendre Jésus-Christ sans eux. À commencer par le mot « Christ », qui vient du grec « *christos* », qui veut dire « messie », lequel vient de l'hébreu « *machiah* ». Si on ignore sa signification — consacré par Dieu — et ce qu'est l'espérance davidique, on ne peut pas comprendre la vérité du Christ. Saint Jérôme, à la charnière du IVe et du Ve siècle, écrivait : « Ignorer les Écritures, c'est ignorer le Christ. » Il parlait de ce que nous appelons l'Ancien Testament. Dans les Évangiles, il est beaucoup question de Moïse, d'Isaïe, des Psaumes, de manière plus ou moins explicite, plus ou moins allusive. Les Évangiles n'auraient pas pu être rédigés sans que leurs auteurs fassent appel à cette conviction de fond : Jésus de Nazareth, Christ de Dieu et sauveur des hommes, accomplit l'espérance portée par toutes les Écritures d'Israël.

Voilà pourquoi dans le « temps ordinaire » de notre liturgie catholique du dimanche, nous écoutons une première lecture tirée de l'Ancien Testament suivie d'un psaume avant les lectures de l'épître de Paul et de l'Évangile. Il y a toujours un lien spirituel ou théologique entre la première lecture et le passage de l'Évangile. Prenons la Veillée pascale : on parcourt à grand pas l'ensemble des Écritures depuis la Genèse, l'Exode, Isaïe, Ézéchiel, Baruch jusqu'au Nouveau Testament avec un passage de Saint Paul et l'Évangile de l'année : toutes les Écritures convergent vers le tombeau vide !

Pendant des siècles, les chrétiens n'ont pas forcément lu ou entendu les textes de l'Ancien Testament, même s'ils y avaient accès (la lecture pouvait être surveillée mais pas interdite). Avant la réforme liturgique qui a suivi le Concile Vatican II, la liturgie en proposait d'ailleurs assez peu hors la Veillée pascale. Cependant, il y avait « l'histoire sainte ». L'histoire sainte, c'était une suite d'histoires — ce qui est bien différent des Écritures. Les Écritures saintes présentent une grande diversité, des aspérités, des images de Dieu qui ne nous conviennent pas de prime abord — comme le Dieu « colère ». Dans l'histoire sainte, on arrondissait les angles : tout se déroulait harmonieusement depuis Adam jusqu'à Saint Paul. Or ce n'est pas si simple. Thomas Römer, professeur au Collège de France, a publié il y a quelques années un excellent petit livre intitulé *Dieu obscur. Cruauté, sexe et violence dans l'Ancien Testament* ; il tente de répondre à des questions comme : « Dieu est-il mâle ? », « Dieu est-il violent ? », « Dieu est-il injuste ? », bref les questions que beaucoup se posent sur le « Dieu de l'Ancien Testament ». L'Ancien Testament, rappelons-le, est une bibliothèque avec des livres divers, poétiques, narratifs, didactiques ; il offre des images de Dieu extrêmement différentes. Ici Dieu se montre guerrier ou violent, d'une violence liée à l'amour, là, il apparaît comme un père saisi de sentiments maternels, ailleurs il rappelle les exigences de la Loi, ou bien il semble sourd aux plaintes de Job etc.

Ces textes, rédigés sur plusieurs siècles, nous sont proposés par l'Église comme étant la Parole même de Dieu. S'ils sont Parole de Dieu, il faut les écouter attentivement, et s'ils ne me conviennent pas, il faut que je me demande pourquoi. Peut-être qu'ils viennent bousculer et remettre en cause une image de Dieu que je croyais évidente, à laquelle je m'étais habitué, dans laquelle je m'étais assoupi ! J'ai besoin d'être bousculé — comme Moïse devant le buisson ardent, comme Paul sur la route de Damas. Dieu n'est jamais tel que nous le pensons, il nous mène souvent là où nous ne voudrions pas aller…

Le Dieu Père de Jésus-Christ est le Dieu Père d'Israël, le Dieu créateur des mondes et maître de l'Histoire. Cela ne fait aucun doute. Il ne fait aucun doute non plus que les écrits de l'Ancien Testament sont nécessaires à la foi chrétienne.

II

THÉOLOGIE

Après la mort, où allons-nous ?

Bernard Sesboüé, jésuite, théologien

Si l'on pose la question en termes de lieu, je dois répondre : nulle part. Nos morts vont au cimetière, c'est tout. Car ce que nous n'arrivons pas à nous représenter, c'est l'ordre de la Résurrection, l'ordre de la vie glorieuse dans le Christ, qui dépasse le temps et l'espace. Nous nous disons que nous risquons de nous ennuyer dans la vie éternelle, qu'elle va durer bien longtemps, surtout vers la fin, comme disait un humoriste. Pour répondre à cela, je prendrais l'image d'un premier jour de vacances, qui a une valeur très particulière parce qu'on n'en envisage pas encore la fin. On se dit qu'on a beaucoup de temps devant soi, comme si cela devait durer toujours. Je dirais que la vie dans la résurrection sera un commencement. Saint Grégoire de Nysse disait que nous irons de commencement en commencement, par des commencements toujours nouveaux. Ne craignons donc pas une liturgie interminable, ce sera une découverte jamais complètement satisfaite.

Ce sera beau, ce sera grand, ce sera une vie dans l'amour. La question porte sur le lieu, la réponse sur le temps. Mais nous ne serons plus dans la continuité de l'espace-temps. Dans cette continuité, notre corps, et c'est douloureux pour nous, sera devenu un cadavre, qui n'est plus un corps parlant et communiquant. Le propre de notre corps est bien sûr d'être terrestre, mais de pouvoir penser, parler, agir, communiquer et donc, avec tout cela, aimer. Et aussi souffrir. Notre corps, c'est cela : ce qui s'est passé dans notre vie, le réseau de toutes les activités que nous avons menées, de toutes les relations que nous avons nouées, de toutes les décisions que nous avons prises.

Je ne dis pas que le corps disparaît. Je dis que ce que l'on enterre, c'est un cadavre, que nous respectons parce que nous y reconnaissons les restes d'une personne chère, mais son corps vivant est ailleurs : il est ressuscité. Je tiens, avec beaucoup d'autres théologiens, que la mort et la résurrection sont contemporaines. Autrement dit, on ne peut pas concevoir, Karl Rahner l'a très bien souligné, une séparation complète de l'âme et du corps. L'âme est la forme du corps, et même dans la conception la plus aristotélicienne, il y a toujours un rapport de l'âme au corps. Quand Jésus dit au bon larron : « Tu seras avec moi aujourd'hui dans le Paradis », il parle de la personne concrète qui est à côté de lui sur la croix, il ne dit pas « ton âme », il dit « tu ». Grâce à cette résurrection, c'est la totalité de notre être qui entre dans la vision de Dieu.

Cette résurrection n'est pas totale et complète, parce que nous, nous ne sommes pas ressuscités. Le monde de la Résurrection est le monde de la communication parfaite. J'ai dit que notre corps est un corps parlant et communiquant. Le corps glorieux est un corps qui peut communiquer dans la perfection, dans la limpidité. Ce qui est irreprésentable pour nous, c'est que nous puissions avoir avec tous une communication personnelle de parfaite limpidité. Voilà ce qui nous est promis. Tant que ce monde continue, nous faisons toujours l'expérience de la séparation avec nos défunts. Et puisqu'ils ne peuvent pas communiquer avec nous et nous avec eux, nous ne sommes pas ressuscités et eux ne le sont pas encore complètement. Ils attendent la fin des temps et notre résurrection pour pouvoir être totalement ressuscités. Je conçois le monde de la gloire comme la construction glorieuse du Corps du Christ, au fur et à mesure que tous les défunts le rejoignent pour préparer cette fin des temps. Mais eux sont déjà dans la fin des temps.

Il y a le purgatoire, le ciel, l'enfer… mais le purgatoire n'est pas un lieu. Jean-Paul II lui-même l'a dit. Le purgatoire n'est pas une sorte de camp de concentration arbitraire où l'on vous fait souffrir. Le purgatoire, c'est un devenir de transparence. Le monde de la glorification est un monde de limpidité et de transparence parfaite. Il est bien évident que la plupart d'entre nous ne meurent pas dans une attitude de transparence parfaite. Il faut donc passer par un certain processus de purification pour parvenir à cette limpidité. C'est cela, le purgatoire.

Le mot « devenir » évoque une réalité temporelle. Mais le purgatoire n'est ni un lieu ni un temps. Saint Augustin le voyait comme une attitude de purification. Il n'a été représenté comme un lieu qu'au Moyen-Âge. Du point de vue de la foi, il nous est seulement demandé de croire que les défunts ont besoin de purification, et que notre prière pour eux est utile.

Quant à l'enfer, c'est l'hypothèse que l'on ne peut jamais exclure qu'une liberté humaine peut refuser totalement la bonté, la miséricorde, l'amour de Dieu.

Certains pères de l'Église, les pères miséricordieux, ont pensé que finalement les choses s'arrangeraient et que l'enfer ne pouvait être que temporaire. L'Église a toujours été réticente devant de telles positions, car il y va de la liberté et de la dignité de l'homme. Si l'on dit que quoi qu'il arrive, les choses s'arrangeront, on n'est pas dans la vérité. Mais Kirkegaard, repris par Hans Urs von Balthasar, disait cette très belle phrase : « L'enfer n'est pas pour moi une question pour les autres. Je fais pour les autres confiance à la miséricorde du Seigneur. L'enfer n'est une question que pour moi. » Au lieu de croire, entre gens bien élevés, que l'enfer n'est pas pour nous, Kirkegaard inverse la perspective et dit : « Pour moi, je sais que ma liberté est en cause et que je peux rater ma liberté. »

L'enfer est un risque. Dans l'Évangile, quand on parle de l'enfer, c'est toujours sous la forme : « Attention, vous risquez de… si… ». Jamais on ne dit de tel ou tel qu'il ira en enfer, pas même de Judas. Jésus ne condamne jamais. L'enfer est une hypothèse toujours possible si l'on refuse l'amour de Dieu de manière constante.

Nos morts ne vont donc ni dans un lieu ni dans un temps, ils sont dans un état qui pour nous est irreprésentable. Les images que nous en avons sont grossières, comme celle du repas éternel, parce que le repas est associé à la fête. Si vous interrogez les images que l'on a du ciel dans les pays chauds, vous trouverez de la fraîcheur, et de la chaleur dans les pays froids ! C'est l'image du bonheur.

Qu'est-ce que le ciel ?

P. Sylvain Gasser, assomptionniste

Doit-on réserver le ciel comme le siège de Dieu et la terre comme le lieu de l'homme ?

Dans ce cas, pourquoi Dieu se soucierait-il de notre vie terrestre ? Nous croyons que Dieu s'est incarné, qu'il est « descendu » parmi nous. C'est une invitation à bien tenir notre place. Je ne suis pas Dieu et je n'ai pas à me diviniser. Un psaume dit : « Vous êtes comme des dieux, et vous mourrez comme des hommes ». Il s'agit de me reconnaître tel que je suis dans ma condition d'homme mortel : je nais, je vis, je meurs. Et pourtant, quelque chose du ciel m'est donné au moment même où Dieu est devenu l'un des nôtres. Ensemble, pour reprendre l'expression du poète Jean-Michel Maulpoix, nous partageons un même « instinct de ciel ».

Quand la Bible me parle du ciel, quand je prie le Notre Père, j'inclus dans ma foi une part d'imaginaire. La foi ne m'empêche pas d'imaginer et de voir la vie autrement, de la penser autrement. Je peux le dire de moi-même, et aussi parce que le Christ m'invite à voir le monde autrement que ne le voudrait l'esprit de ce monde. Cette part de rêve et d'imaginaire participe aussi de la foi, elle m'ouvre à une autre réalité qui marque déjà ma vie présente. Il ne s'agit pas d'une fuite : je lève la tête, je lève les yeux vers une autre réalité qu'il m'est donné de contempler.

Quand j'étais enfant, mon oncle qui avait pris quelques distances avec la foi, me disait : « Au fond, il vaut mieux vivre sous un ciel habité que sous un ciel vide. Tous nos morts, tu les mets au ciel et cela te rassure. » Le ciel n'est jamais déconnecté de la réalité terrestre. Et le règne que nous appelons de nos vœux dans le Notre Père est « sur la terre comme au ciel ». C'est une manière de dire que le règne n'est pas de l'ordre d'un au-delà, mais d'un déjà là, comme le proclame le Christ.

La Parole du Christ nous invite à décrypter dans ce monde tout ce qui est de l'ordre du travail de l'Esprit saint, du travail de Dieu pour enfanter un monde nouveau. Renvoyer à demain l'amélioration du monde n'est pas ce que le Christ demande. Si le monde meilleur était pour demain, le Christ ne serait pas venu épouser notre condition humaine présente et il ne serait pas allé jusqu'à mourir sur une croix.

Nous avons la capacité d'offrir un part de ciel à ce temps et à ce monde : offrir un peu d'amour, croire en la dignité de l'homme, croire que l'homme, malgré tout, est bon, et qu'il y a de la bonté en tout homme. Quand vous rencontrez des personnes malades, des prisonniers, des esseulés, vous rencontrez un monde de ténèbres et de souffrance. En me rendant proche de ces personnes, c'est le sacrement du frère qui se vit, c'est Dieu à l'œuvre dans ce monde, c'est un bout de ciel qui leur est offert.

Dans la parabole du jugement dernier, quand le Seigneur appelle les morts qui sont ressuscités, « Venez les bénis de mon Père, car à vous le Royaume des cieux est offert. J'avais faim et vous m'avez donné à manger, j'avais soif, vous m'avez donné à boire… », ils répondent : « Quand donc t'avons-nous nourri ? » — « Chaque fois que vous l'avez fait à l'un de ces plus petits, c'est à moi que vous l'avez fait ». Il n'y a rien de plus concret que la vie morale en Christ, rien de plus concret que de donner un verre d'eau à quelqu'un qui a soif. Les parents le savent par rapport à leurs enfants. Nous, le savons-nous par rapport à nos semblables ? Cette évidence évangélique absolue s'incarne dans les gestes les plus quotidiens. Rendre le ciel possible, c'est rendre l'homme possible.

Il peut y avoir une interaction permanente entre le ciel et la terre. Les séries télévisées de science fiction mettent souvent en scène un monde parallèle. Elles parlent de « vortex », d'ouvertures d'un monde vers l'autre. Le ciel de Dieu ne fonctionne pas comme cela. Ce n'est pas un autre monde, étranger, effrayant, angoissant. Quand une main relève quelqu'un qui est à terre, ce n'est effrayant ! C'est l'engagement qui fait peur. Les apôtres ont eu peur, quand ils ont vu Jésus s'élever dans le ciel, mais que leur a dit l'ange ? « Baissez la tête et retournez auprès de vos frères sur terre, c'est là qu'il est, c'est là qu'il revient. » Il faut lever la tête pour voir le ciel, mais ensuite il faut revenir à ras de terre, et c'est peut-être là que se trouve le véritable ciel.

A-t-on vraiment besoin de Dieu ?

Étienne Grieu, jésuite,
Directeur du Centre Sèvres

La plupart de nos contemporains se passent très bien de Dieu, de ses commandements, de son histoire… et cette indifférence n'est pas sans poser problème aux chrétiens convaincus. Car ceux qui disent ne pas avoir besoin de Dieu peuvent mener par ailleurs une vie authentiquement chrétienne. On peut dire que oui, on peut se passer de Dieu, parce qu'il y a des non-croyants qui vivent bien. Je crois que la foi en Dieu n'est pas de l'ordre du besoin, d'une nécessité pour vivre. Si l'on ne croit pas, aucune sanction immédiate ne tombe !

Pourtant, des croyants parlent de Dieu en termes de besoin : si cela manquait, on ne pourrait plus vivre. C'est une manière de parler, mais, en rigueur de termes, ce n'est pas à cela que Dieu nous invite. Dieu n'est pas un tyran qui nous obligerait à croire sous peine de sanctions. Quand Dieu donne la vie, il la donne, c'est un cadeau qui n'exige pas une rétribution en retour. À propos de Dieu, il vaudrait mieux choisir le terme de *désir* que celui de *besoin*. Dieu peut rencontrer le désir le plus profond de l'homme, un désir d'accomplissement qui nous met dans une paix et dans une joie profondes.

Donc quand quelqu'un dit « Je n'ai pas besoin de Dieu », il est possible que le désir profond de cette personne soit comblé par autre chose, qu'un croyant peut voir comme l'œuvre de Dieu. Je pense à des personnes très engagées dans l'action fraternelle, dans l'humanitaire ou simplement dans leur vie de famille ou leur profession. De tels engagements où toute l'existence est mise en jeu ont une force équivalente à celle du désir religieux.

Beaucoup de personnes sont mues par ce désir qui est infini, jamais comblé, qui les travaille et fait partie de ce qu'elles sont et façonne son identité. Mais, qu'est-ce que ça change quand on le reconnaît comme un désir de Dieu ? Ce qui change, c'est que notre désir le plus profond, notre raison d'être, est orienté vers Quelqu'un. Toute notre vie peut prendre l'allure d'une réponse à quelqu'un. Bien sûr, c'est une réponse à un Dieu qu'on ne peut pas voir, qui nous échappe toujours. Mais ce Dieu s'est justement manifesté en quelqu'un, Jésus-Christ. Cette relation n'est pas exclusive, elle ne nous empêche pas de rencontrer toute autre personne comme un être cher, avec laquelle on pourra vivre quelque chose qui n'est pas sans rapport avec Dieu. Être aimé par un autre, si l'on est croyant, peut être vécu comme une vraie expérience de Dieu.

Or ce désir est présent dans le cœur de chaque homme. Les grands théologiens de la Tradition disent qu'en tout homme se trouve le désir de Dieu. Saint Augustin écrit : « Tu nous as faits pour toi, Seigneur, et notre cœur est sans repos tant qu'il ne repose en toi. » Et pour saint Thomas d'Aquin, le désir de Dieu est constitutif de l'être humain. Quel cadeau que de pouvoir reconnaître ce désir en nous ! Cela demande aussi de notre part un peu d'attention.. Pascal disait que l'on peut s'en distraire avec mille activités qui nous font éviter de rencontrer cette question. Car c'est une question très heureuse, qui met dans la joie, mais qui a en même temps un aspect redoutable, parce qu'il s'agit d'une rencontre avec quelqu'un. Qui peut donc nous bousculer, ou même faire peur, surtout quand on a en tête des images d'un Dieu qui vient contrôler ou punir. Ce ne sont pas vraiment des images christianisées de Dieu.

À des hommes et des femmes qui ont une vie active un peu stressante et disent avoir perdu ce désir, je conseillerais de prendre cinq minutes chaque soir, pour regarder ce qui s'est passé dans la journée, en essayant d'y repérer d'abord les moments heureux. Reconnaître cette joie fait grandir le désir de vivre et le désir de Dieu, car les deux sont liés. Prendre simplement ce petit temps donne du relief à notre vie. Il se passe beaucoup de choses dans une journée parfois dure, difficile, desséchante ou fatigante ; mais il y a aussi des moments très heureux. Les repérer aide à trouver les lieux où Dieu nous parle. C'est ce que la tradition spirituelle appelle les « consolations ».

On est parfois pris dans des choses difficiles, qui ne sont pas forcément négatives, des combats, ou parfois dans des activités stressantes, dans le cadre du travail ou de la famille. Et puis il y a la « désolation », qui nous laisse loin de Dieu et tout seul. Il est important de repérer de tels moments, et de se demander ce qui nous y a amenés : quelles pensées, quelle manière de voir ou d'agir nous conduit là ? Et de se dire que cela ne vient sans doute pas de Dieu et qu'il serait peut-être prudent de s'en écarter.

Ne pas avoir besoin de Dieu, mais en avoir le désir et chercher à le découvrir, c'est cela la vie chrétienne. Une fois qu'on l'a découvert et qu'on a commencé à vivre quelque chose de sérieux avec Lui, la relation devient forte et gratifiante. À ce moment-là, on peut penser qu'on ne peut pas vivre un jour sans Dieu. Mais ce n'est pas Dieu qui nous prend en otages, qui nous emprisonne. Au contraire, plus on s'approche de lui, plus on devient soi-même et plus on devient libre. On découvre que Dieu, qui est créateur, appelle à la création et à la liberté. Pour un chrétien, Dieu peut être aussi précieux que l'eau qu'on doit boire ou l'air qu'on doit respirer. Mais ce n'est jamais quelqu'un qui vient prendre notre liberté.

Pourquoi l'Église fait-elle si grand cas de la chasteté ?

P. Frédéric Louzeau, professeur de théologie à la faculté Notre-Dame aux Bernardins et vicaire à la paroisse Saint-François de Molitor à Paris

J'aimerais d'abord réagir à la manière dont la question est formulée. Je ne suis pas sûr que l'Église fasse si grand cas de la chasteté ! Si on ouvre le *Catéchisme de l'Église catholique*, on trouve deux pages sur la chasteté, dans la troisième partie consacrée à l'éthique chrétienne, c'est-à-dire à la façon de vivre l'Évangile. C'est plutôt l'opinion commune qui fait grand cas de la chasteté, en ne retenant du discours de l'Église que les questions d'éthique sexuelle.

La chasteté est tout de même difficile à comprendre. Dans les *Actes des Apôtres*, à la fin de sa vie, saint Paul est prisonnier à Césarée. Le gouverneur, Félix, et sa femme, font venir Paul pour qu'il leur parle de la foi chrétienne. Paul parle, ils sont fascinés, et vient un moment où Paul se met à discourir sur la justice, la chasteté et le jugement à venir. À ce moment-là, Félix prend peur et stoppe la catéchèse de Paul. Ce n'est pas d'aujourd'hui que la chasteté est l'un des points les plus difficiles de l'enseignement du christianisme.

En fait, il y a un problème de vocabulaire. Dans l'oreille commune, quand on entend « chasteté », on comprend l'abstinence sexuelle. Or quand l'Église parle de chasteté, elle parle d'une vertu morale qui s'adresse à tous, pas seulement aux religieux. Le vœu de chasteté chez les moines et les moniales se prononce dans le cadre du célibat consacré. Mais qu'on soit célibataire consacré ou non, que l'on soit époux ou épouse, la chasteté nous concerne tous. C'est une disposition intérieure que l'on acquiert ou que l'on perd progressivement dans sa vie, selon les actes, chastes ou non chastes, que l'on pose.

Si je devais résumer ce qu'est la chasteté, je dirais que c'est une vertu qui règle et harmonise les rapports entre les personnes, notamment les rapports d'affection, d'amour ou d'amitié. C'est une vertu qui nous aide à considérer chaque être que nous rencontrons, avec qui nous parlons, comme une personne dont on ne peut pas se saisir. C'est considérer la personne non pas comme un objet, comme une chose que l'on pourrait utiliser pour son plaisir, mais comme un sujet unique, doté de liberté.

Cela signifie qu'on ne peut aborder l'autre, même dans l'étreinte sexuelle pour des époux, qu'avec un immense respect pour le mystère qu'il constitue. Quand nous ne développons pas cette vertu en nous, nous utilisons les personnes que nous rencontrons, et même notre femme, notre mari, nos enfants…

Une mère de famille peut être non chaste avec ses enfants. Les parents peuvent, par des questions indiscrètes, entrer dans l'intimité de l'enfant, dans sa vie affective ou amoureuse…

Cette vertu de chasteté est essentielle à développer, parce qu'elle permet de nouer des relations d'amitié ou d'amour justes, belles, épanouissantes. Si on ne la développe pas, très rapidement, on ne peut plus entretenir de relation désintéressée avec personne. C'est le début de l'enfer, parce qu'on ne peut plus mettre en œuvre cette vocation profonde qui est la nôtre, d'être des êtres de communion.

Les trois vœux de pauvreté, de chasteté et d'obéissance, avant d'être des vœux que les religieux prononcent, sont des conseils évangéliques. Tout chrétien, pour être vraiment à la suite du Christ, est appelé à les vivre, sous certaines modalités particulières. Pour faire bref, on pourrait dire que la pauvreté, c'est le rapport à notre corps et aux biens terrestres. Nous avons tous à vivre libres par rapport à ces biens. La chasteté, c'est la liberté dans les relations entre les personnes. L'obéissance, c'est, à travers des médiations humaines (mon supérieur, mon patron, le chef de l'État etc.), vivre ma relation avec Dieu lui-même et l'autorité de sa parole. Tout chrétien est invité à vivre ces conseils évangéliques, et certains dans l'Église reçoivent comme vocation de les vivre de manière radicale et visible.

En tant que prêtre, je n'ai pas prononcé le vœu de chasteté, mais je suis appelé à la vivre avec toutes les personnes qui m'entourent. C'est capital. Littéralement, le prêtre prononce un vœu de célibat. Il ne se mariera pas, par amour pour le Seigneur Jésus. Mais la question de la chasteté n'en est pas moins importante pour lui, d'abord parce que, n'étant pas ermite, il croise des hommes et des femmes. Comme être humain et comme chrétien, le prêtre doit développer cette relation ajustée avec les personnes qu'il rencontre. Et, parce qu'il est pasteur, il lui faut d'autant plus veiller à respecter chaque personne dans le mystère de son être, parce qu'on attend du prêtre qu'il soit un autre Christ, qui ne met pas la main sur les gens pour son profit personnel, mais les conduit dans le mystère de Dieu, dans ce regard que Dieu pose sur eux et qui est unique. Le prêtre est, je crois, dans la communauté ecclésiale, l'un des plus concernés par la question de la chasteté. D'autant plus qu'il est en position d'autorité pastorale.

La théologie morale dit qu'on progresse dans cette vertu en exerçant davantage ses actes de chasteté, en commençant par exemple par baisser le regard devant certaines personnes, ce qui est tout simple. Et puis on progresse aussi dans la prière et dans les sacrements, à travers lesquels la grâce du Christ nourrit de l'intérieur. Par exemple, en contemplant dans la prière comment Jésus regardait les femmes, comment il se comportait avec elles, sa délicatesse vis-à-vis de la Samaritaine. Pour moi, prêtre, faire souvent cette contemplation est essentiel. C'est la chasteté du Christ qui, à travers la prière, la communion, la confession, vient investir de sa présence ma propre chasteté toujours défaillante et fragile. À mes yeux, ce qui nourrit le plus une vertu morale, c'est la contemplation de l'humanité du Christ.

Le ciel est-il vide ?

P. Bruno Cazin, vicaire général du diocèse de Lille, docteur en médecine, auteur de *Dieu m'a donné rendez-vous à l'hôpital* (Bayard)

Je me souviens d'une vieille dame qui ne voulait pas mourir parce qu'elle était attachée à la terre, alors qu'elle ne savait pas, disait-elle, ce qu'il y avait au ciel. Cette femme avait failli mourir quelques années plus tôt, elle avait survécu, mais elle se trouvait alors en fin de vie et m'avait dit : « La terre je connais, le ciel, je ne connais pas. » Je sortais à l'instant d'une visite à un malade musulman de 33 ans, qui s'en remettait à Dieu avec une confiance extraordinaire, alors qu'il était marié et père de deux jeunes enfants.

Je me suis alors demandé si nous, les prêtres catholiques, savions suffisamment annoncer l'espérance de ce que la tradition appelle le ciel. Peut-être avons-nous trop rapatrié l'espérance du côté de la terre, quand nous avons été accusés par le marxisme d'être l'opium du peuple ou critiqués par d'autres mouvements du XIXe et du XXe siècles… On a voulu défendre la pertinence de la foi chrétienne pour changer le monde d'aujourd'hui. Et c'est vrai que la foi catholique est pertinente pour changer le monde. On peut et on doit vivre la foi dans l'histoire. Mais il est très important aussi de nous tourner vers le ciel.

Le ciel, c'est d'abord le lieu que Dieu habite. Se tourner vers le ciel, c'est se tourner vers la Trinité, vers l'échange éternel d'amour entre le Père, le Fils et le Saint-Esprit. Le ciel, c'est ce que je ne possède pas, ce que je ne comprends pas. Accepter de ne pas tout comprendre, de ne pas tout maîtriser, espérer vivre en Dieu et de Dieu, c'est le ciel. Je ne sais pas ce qu'est le ciel, mais Dieu le sait et nous y attend.

On entend beaucoup dire que le Royaume est déjà là. On peut se dire : si le Royaume est déjà sur terre, je le connais… Mais le Royaume est à la fois là et pas là. Il est comme une graine qui va grandir. Nous en avons un avant-goût : la convivialité, le respect des petits, la paix, sont des apéritifs du Royaume, ils nous en donnent le goût. Mais, et les évangiles le disent, si on vous dit que le Royaume est ici ou là, surtout n'y courez pas ! Toute tentative de rapatrier l'espérance sur la terre peut conduire à des drames, on en a malheureusement des exemples dans l'histoire du xxe siècle. Il est très important de garder un équilibre entre l'ici, le déjà là, et le pas encore là, d'avoir les pieds sur terre et d'être enracinés dans l'histoire, tout en gardant cette ouverture vers autre chose. Notre histoire est relative à un projet qui nous dépasse. Il est très important que le croyant reste tourné vers le ciel, et comprenne qu'il ne maîtrise pas tout. C'est très libérant. Si nous pouvions définir le ciel, notre horizon serait bouché.

Nous verrons bien ce qu'il y a au ciel ! Alors que je donnais une conférence, une femme vient me trouver. Sa mère très âgée est en EHPAD, elle est fatiguée, elle voudrait mourir, mais elle a peur. « Comment puis-je lui parler de l'éternité ? », me demande cette dame. Je lui ai répondu que je ne pouvais pas en parler, car excepté le Christ, personne n'est revenu de la mort. Mais je lui ai suggéré de parler avec sa mère de ce qui aujourd'hui peut lui donner le goût de l'éternité : un geste gratuit, un bouquet de fleurs… De l'amour de Dieu qui nous donne la vie gratuitement, qui donne tout à son Fils qui le lui rend… La liturgie chrétienne est un avant-goût de l'éternité. Nous célébrons l'eucharistie en mémoire de la mort et de la résurrection du Christ, pour souder la communauté chrétienne, comme un avant-goût du banquet céleste où se rassembleront tous les peuples. Le ciel, c'est aussi croire que je pourrai communiquer avec un Chinois du IIIe millénaire avant Jésus-Christ aussi bien qu'avec mon meilleur ami.

Le ciel n'est pas vide. Il est rempli par la communion des saints, par laquelle nous intercédons pour ceux qui nous ont quittés, nous appuyons sur ceux qui nous ont précédés. C'est ce que nous fêtons à la Toussaint.

Le ciel est habité par ceux qui vivent aujourd'hui, je le crois, de la vie de Dieu. Le mot ciel peut gêner parce qu'il évoque un lieu, et depuis qu'on a envoyé des hommes dans l'espace, on sait très bien que le ciel n'est pas le ciel. Mais on n'a pas d'autre mot pour désigner ce qui est au-delà de l'expérience humaine, ce qui nous est donné et que nous ne maîtrisons pas. Aspirer à ce qui est donné, à la source, à Dieu, c'est le ciel.

Il est très important de parler du ciel. Quand nous vivons un deuil, certains nous disent : « Vous avez de la chance de croire à l'au-delà, de croire au ciel. Vous avez de la chance que votre espérance ne s'arrête pas à aujourd'hui ». Je pense que notre monde souffre profondément de ne pas être assez ouvert sur le ciel, sur la transcendance.

Pour goûter la saveur du ciel dans la vie quotidienne, on peut prier, adorer, se mettre à genoux pour dire à Dieu qu'il est grand, que c'est de lui qu'on tient la vie, que c'est vers lui que l'on va, et mettre dans cette perspective ce qu'on a à vivre aujourd'hui. On peut prier les psaumes, qui sont bien enracinés dans le réel de l'expérience humaine, et constamment tournés vers Dieu. Et puis faire silence.

Dans ma vie professionnelle, je côtoie les malades. Quand on est malade, on est pauvre et les pauvres prient plus facilement que les riches. Certains bien sûr n'y arrivent pas, mais je crois qu'un malade qui est dans la vérité par rapport à ce qu'il vit se tourne plus facilement vers la prière que quelqu'un qui est comblé. La maladie, comme beaucoup d'autres événements, peut être l'occasion d'une expérience spirituelle forte. La maladie dépouille, elle accule à l'essentiel, elle nous détache des tricheries, des mensonges, des artifices qui nous donnent l'illusion d'exister par nous-mêmes. Et donc elle dispose à s'ouvrir à la transcendance.

Je dis que j'ai trouvé le Christ à l'hôpital. Les malades m'enseignent le Christ, il se donne à moi dans ma rencontre avec eux, comme il se donne à moi dans les sacrements. Ce n'est pas toujours lumineux, mais cela m'apparaît dans des temps de retraite et de prière, quand je fais retour sur ces rencontres.

Qu'est-ce que la communion des saints ?

P. Bernard Sesboüé, jésuite, théologien

Dans le credo, nous disons croire « à la communion des saints », c'est-à-dire à une sorte de solidarité entre les morts et les vivants. Ce dogme de l'Église, que nous célébrons tout particulièrement le jour de la Toussaint, est parfois bien difficile à percevoir, tant la coupure avec nos morts semble irrémédiable.

Il s'agit bien d'une solidarité entre tous les chrétiens. Si j'interroge l'histoire, je m'aperçois que l'expression a reçu trois sens successifs. Le premier sens, avant même qu'elle n'entre, un peu tardivement, dans le Symbole de la foi, c'est l'idée de la communion eucharistique. Les « saints », ce sont les mystères saints qui nous sont donnés, c'est la nourriture sainte de l'eucharistie.

Ce ne sont pas des personnes. Nous avons un témoignage très curieux d'un évêque qui s'était mal conduit et qui avait été exclu de la communion des « sancta », c'est-à-dire des choses saintes. Il ne pouvait plus communier. Il y a toujours une corrélation entre la communion eucharistique et la communion ecclésiale. Communier à une eucharistie, c'est communier à une Église. C'est l'expression la plus concrète, la plus physique, de la communion à une communauté ecclésiale.

L'autre sens de la communion des saints, c'est une manière de définir l'Église. Dans l'Église, il n'y a pas que des saints, bien sûr. Il s'agit de la sainteté des baptisés. Quand nous sommes baptisés, nous sommes déjà saints par le don du Saint-Esprit. Vatican II a très bien énoncé tout cela : nous avons reçu l'onction du Saint-Esprit dans le baptême, et nous sommes sanctifiés. Cela ne veut pas dire que nous sommes prêts à être canonisés. Nous avons encore beaucoup à faire dans la vie de foi, d'espérance et de charité pour parvenir à une sainteté d'ordre moral, de l'ordre d'une certaine perfection. Mais la sainteté initiale, et c'est important à retenir, est un don absolument gratuit, c'est une grâce. La communion des saints, c'est l'Église en tant qu'elle est une communion. C'est la définition de l'Église : la communion de tous ceux qui peuvent participer à l'Eucharistie et qui vivent dans la fraternité et dans la communion de la foi. Je parle là de l'Église vivante d'aujourd'hui, des personnes qui vivent dans la communion de la foi, de l'espérance et de la charité.

L'Église ancienne se posait la question de la fin des temps, de l'eschatologie, et du retour du Christ, mais pas de ce qui arrivait à chacun d'entre nous à sa mort. Quand cette question a commencé à se poser, on a pensé avec justesse qu'il pouvait y avoir une forme de communion entre les vivants et ceux qui sont décédés. Comment se traduit-elle ? Par notre prière. Nous pouvons à la fois prier pour ceux que nous aimons, qui sont décédés, et en même temps, et c'est paradoxal mais très juste, nous recommander à leur intercession. Cela signifie que nous ne savons pas exactement quel est le statut dans la gloire de Dieu de tel ou tel de nos défunts. Mais je peux à la fois prier pour lui, pour que le Seigneur lui fasse totalement miséricorde, et je peux me confier à lui en me disant que cette personne a vécu généreusement, courageusement, a donné de bons exemples et un exemple de foi, et je me recommande à son intercession comme je me recommande à l'intercession des saints canonisés.

Du point de vue de l'Église, le statut des personnes canonisées n'est pas le même que celui de celles qui ne le sont pas, mais l'essentiel est que ces personnes soient dans la gloire de Dieu, dans la communion avec Dieu. À partir du moment où elles sont dans la communion divine, nous pouvons nous confier à leur intercession. Je dis bien leur intercession, car on ne prie pas les saints. C'est une chose que l'on dit souvent, mais c'est une erreur. On ne prie pas sainte Rita ou saint Antoine, on ne prie que la Trinité, le Père, le Fils et l'Esprit saint. Rappelez-vous les litanies des saints : on leur demande : « Priez pour nous ». Dans le Je vous salue Marie, on dit : « Sainte Marie, mère de Dieu, priez pour nous. » On ne prie pas la Vierge, on se recommande à son intercession.

Nous pouvons prier pour une personne en réparation. Nous pouvons nous réconcilier avec quelqu'un à l'égard de qui nous avons mauvaise conscience. Je n'ai pas eu avec mon père ou ma mère l'attitude qu'il fallait, j'ai été trop distant, je ne me suis pas suffisamment occupé d'eux… Je peux très bien demander une réconciliation et prier pour eux dans cet esprit de réconciliation, de pacification. Et s'il s'agit d'une personne qui nous a fait du mal, c'est possible aussi. Je peux prier pour cette personne. C'est un processus de pardon qui essaie d'aller jusqu'au bout. Quand on a été vraiment blessé, on n'a jamais fini de pardonner. C'est tout cela, la communion des saints. C'est une responsabilité mutuelle : je peux aider les défunts que j'aime en priant pour eux, et je leur demande de m'aider en me recommandant à leur prière.

C'est très consolant. D'ailleurs, ce que dit l'Église sur la question des fins dernières est très consolant : à notre mort, nous retrouverons nos défunts.

Le monde de la gloire de Dieu, c'est le monde de la communication parfaite, de la limpidité. C'est pourquoi on ne peut y arriver sans passer par une certaine purification, parce qu'il y a beaucoup de choses que nous n'arrivons pas à nous dire les uns aux autres, il y a aussi ce que les autres disent de moi et que j'ai besoin de connaître pour être dans la limpidité, et enfin ce que je pense et dis des autres.

Si le plus consolant des dogmes, c'est celui de la mort et de la résurrection du Christ, la communion des saints est la conséquence immédiate de la mort et de la résurrection du Christ. La communion des saints, c'est l'Église, qui enjambe l'Église terrestre et l'Église glorieuse.

Dieu a-t-il créé le diable ?

Anne Soupa, bibliste

Au début du livre de la Genèse, Dieu crée l'univers, l'homme et la femme qu'il place au centre d'un merveilleux jardin. Voici qu'apparaît le serpent et avec lui le mal semble entrer dans le monde. Le mal est-il une création de Dieu et Dieu a-t-il créé le diable ?

Dieu a créé tout ce qui vit et bouge sur la terre, dont le serpent qui est la plus rusée des créatures de Dieu. Mais le serpent, comme l'homme, la femme, l'enfant et tous les animaux, sont livrés à leur déterminisme ou à leur liberté, selon les moments de leur vie, et l'être humain est acteur du mal qui « lui arrive ». Il est mystérieux et douloureux de constater l'inéluctabilité du mal dans nos vies, mais c'est un fait.

Dieu crée le serpent, le plus rusé des animaux. Il ne dit pas que le serpent est mauvais. En hébreu, le terme « rusé » désigne aussi « le sage ». Mais le serpent s'est laissé dévoyer. En cherchant à semer la division entre le couple et Dieu, il fait mauvais usage de la capacité de sagesse que le Seigneur lui avait donnée. Ce venin de la division, de la perte de confiance, est très certainement la clé de lecture du chapitre 3 de la Genèse, où l'on assiste à une fêlure de la confiance initiale que le couple mettait en Dieu, et à l'émergence de leur convoitise. Ils convoitent ce qui est à Dieu, comme ce qui est à l'autre ; ils ont honte d'être nus, et le résultat est la discorde. Ceci est conforme au sens du mot grec « diabolos », « le diviseur ».

Le diable « comme diable » n'est pas créé par Dieu. La tradition des premiers siècles et de certains textes apocryphes dit qu'il est un ange de lumière qui s'est perverti : il a surgi de la difficulté humaine — est-ce une fatalité, un destin ? — de vivre dans l'harmonie avec Dieu, dans des liens pacifiques entre les personnes. C'est cette impossibilité qui a installé la figure du diable dans l'humanité. Le diable s'est invité dans le paysage. Il est là, de fait.

De ce constat de la réalité d'un esprit de division, est-il possible de remonter vers une identité ? Figure ou personne ? Parler d'un ange invite à y voir une manière de parler, une image. Par contre, mettre une capitale à son titre comme si cela devenait un nom propre, le fait devenir une personne, plus ou moins incarnée. L'Église n'a jamais tranché. Dans ses énoncés dogmatiques, elle a très peu parlé du diable, et toujours dans des termes assez généraux, afin que plusieurs interprétations restent possibles. Traditionnellement, les protestants en font plutôt une figure symbolique, tandis que les catholiques ont tendance à la personnifier. Mais ce sont des inflexions, et non une injonction de foi.

Définir le diable comme un diviseur est très fort. C'est envisager que l'amour de Dieu qui est un lien trinitaire, entre Dieu et nous, et entre chaque être humain puisse être détruit. Le diable est celui-ci. Son œuvre fondamentale, c'est la division.

Mais, paradoxalement, la figure du diable a aussi une fonction thérapeutique. C'est un moyen de dire que ni Dieu ni l'homme ne sont responsables du mal, et que c'est un tiers qu'on appelle diable, qui prend sur ses épaules toutes noires et dans ses mains toutes crochues la responsabilité de ce que nous sommes trop faibles pour assumer.

Les psychologues disent que la figure du diable est intéressante parce qu'elle permet de se défausser de conflits internes qui sont trop durs à tenir ensemble. Lorsque les enfants ont par exemple à la fois de l'amour et de la haine pour leur mère et qu'ils ne savent départager les deux, celle-ci peut les aider en disant : « C'est le diable qui t'a poussé à mentir ou à être méchant ». Parce que l'enfant ne peut pas reconnaître qu'il aime sa mère et qu'en même temps, il lui veut du mal.

Cette figuration est utile mais à condition qu'elle soit, comme le disent les psychologues, partielle et non totalisante. C'est-à-dire que l'on s'en serve de temps en temps, sans en faire une explication à tout et sans projeter tout au long de sa vie, impunément, le mal hors de soi. Celui qui veut progresser doit apprendre à reconnaître le mal qu'il fait et réintégrer en lui la réalité d'avoir mal agi.

On peut apprendre à combattre le diable. Par l'amour que l'on porte au Seigneur, en cessant d'idéaliser sa propre personne, en reconnaissant que l'on est faible, faillible, et que ce n'est pas si grave qu'on le croit. Et surtout en refusant de se laisser séparer de l'amour de Dieu.

Pour cela, je pense que l'humilité est salutaire : ne pas se voir comme un héros, ne pas construire une figure de soi idéale, puissante, belle à voir, mais savoir que l'on est toujours pardonné, pardonnable et aimable. Le combat, ce ne sont pas des armes à fourbir, ni une tension intérieure forte, ni un déploiement de parades et de défenses, ni même une volonté exacerbée. Le combat, c'est savoir devenir petit, sans jamais céder sur l'amour de Dieu.

Et puis, de manière très optimiste, la foi chrétienne dit que le mal est vaincu parce que Jésus a pris le mal sur lui. Pour essayer de comprendre, on peut regarder la progression entre le Premier et le Nouveau Testament. Dans le Premier, les hommes attribuent à Dieu tout ce qui leur arrive, le bien comme le mal. Ils sont convaincus que Dieu récompense les bons et punit les méchants. Or le livre de Job et les prophètes montrent que ce n'est pas si simple. Avec Jésus, le paysage va basculer. Jésus a pris le mal sur lui, jusqu'à en mourir. Lui qui était sans péché, il a accepté le mal d'autrui pour en libérer l'humanité. C'est difficile à comprendre parce que depuis sa mort et sa résurrection, le mal continue à ravager l'humanité.

Cependant, une chose a changé, c'est que la foi en ce Jésus qui nous a sauvés doit nous conduire vers des chemins de paix, de respect de l'autre, toutes choses que nous aimerions faire, mais qui restent souvent accrochées à la ligne d'horizon.

On peut reconnaître le mal en soi. Se reconnaître pécheur et demander le pardon est la meilleure des thérapies. Devant des modes spirituelles faciles et consensuelles, les chrétiens ont une chance extraordinaire, c'est qu'ils savent que le mal est présent, comme la bête tapie que Dieu révèle à Caïn. Il n'y a rien de pire que de le nier, de croire à l'angélisme, à la bonté plénière et « naturelle » de l'être humain. Cela promet des lendemains terribles où l'on ne croit plus en rien, surtout pas en soi, comme si on nous avait menti. La réalité du diviseur ne doit pas être contestée. À cette condition, la puissance de vie peut se déployer.

Pourquoi ne voit-on pas Dieu ?

P. Franck Javary,
curé de la cathédrale de Nanterre

Dieu, personne ne l'a jamais contemplé, dit saint Jean, et dans l'Ancien Testament, il nous est dit que Moïse ne voit Dieu que de dos. Il existe des apparitions de Marie, du Christ en son humanité, des saints, mais Dieu, nul ne l'a jamais vu. Il dit lui-même à Moïse : « On ne peut pas voir ma face et vivre ». La vision directe de Dieu ne nous est pas possible. Nous ne sommes pas capables de soutenir la gloire, la splendeur de Dieu sur cette terre, dans notre condition actuelle.

C'est comme le soleil que l'on ne peut pas regarder directement. La gloire de Dieu dépasse notre capacité de l'accueillir. Et puis, je ne peux voir, toucher et sentir que des choses appartenant à cet univers matériel, or Dieu ne fait pas partie de l'univers qu'il a créé. Il l'englobe, il le porte, mais il ne fait pas partie des réalités que je peux vérifier par moi-même.

Dans l'Évangile de Jean, Jésus dit : « Qui m'a vu a vu le Père ». Dieu se fait voir par son amour, et son amour, c'est le Fils qui vient parmi nous. Saint Paul, dans l'épître aux Colossiens, dit que Jésus est « l'image du Dieu invisible ». Ce que nous ne pouvons pas contempler de manière directe, nous pouvons le voir en Jésus, en sa bonté, en son action… « Qui m'a vu a vu le Père » : c'est magnifique, Dieu veut être vu. Il veut bien se laisser voir en son Fils, parce que le Fils est le chemin vers le Père.

Jésus a plus qu'une apparence terrestre. Il est vrai Dieu et vrai homme. Dans son action messianique, dans sa prédication, dans sa bonté, dans ses guérisons et ses miracles, dans le fait qu'il donne sa vie sur la Croix, qu'il meurt et qu'il est ressuscité, c'est le mystère de Dieu qui a habité parmi nous. C'est le cœur de la foi chrétienne. Si Dieu est invisible, il veut se faire connaître. Et il se fait connaître en son Fils, qui vient parmi nous, afin que nous puissions toucher, « palper » comme dit saint Jean, quelque chose du mystère de Dieu.

« Dieu a tant aimé le monde » qu'il lui a donné son Fils, et c'est cet amour que nous voyons en Jésus. Cela ne veut pas dire que le mystère du Christ, vrai Dieu et vrai homme, est à notre portée. Mais il est venu pour que nous ne nous découragions pas, pour que nous puissions connaître et aimer celui qui nous a créés.

Jésus est tout entier homme et tout entier Dieu. Dans son humanité, nous touchons l'amour de Dieu. Dans la vie des saints, c'est un reflet de l'amour de Dieu que nous rencontrons, de manière très concrète, très incarnée. Bien sûr les saints ne sont pas le Christ, mais ils en sont les disciples. Un saint est tellement accordé à la volonté de Dieu qu'en le voyant, on se dit que Dieu agit en lui. Au Moyen-Âge, on a appelé saint François d'Assise « l'Autre Christ ». Cela peut nous paraître choquant, mais cette formule est très juste. François n'a pas remplacé le Christ, mais il a agi si fidèlement au Christ qu'il en était comme l'actualisation, il renvoyait vers lui. En le regardant, on ne peut que se dire que c'est Dieu qui agit en cet homme. Tant d'amour ne peut pas venir d'une simple capacité naturelle.

La caractéristique de la sainteté, c'est l'amour. L'amour qui se donne, qui donne sa vie jusqu'au bout, voilà l'amour qui vient de Dieu. C'est d'ailleurs ainsi que bien des gens découvrent Dieu, dans cet amour qui vient de plus loin que nous.

Nous aussi sommes appelés à être saints, pour que, malgré notre faiblesse et notre péché, nous puissions toucher quelque chose du mystère de Dieu à travers les chrétiens et l'Église.

Dieu a mis en nous une empreinte, qui fait que nous sommes capables d'aimer selon son chemin, bien sûr de manière toujours imparfaite. Nous sommes capables de connaître Dieu. Il y a en nous une capacité spirituelle, l'âme, à l'image de Dieu.

L'Église a reçu du Christ les sacrements, qui sont les signes de l'action du Christ. Si on prend au sérieux la messe, l'eucharistie, on est au cœur du mystère de Dieu. Le Christ se donne à nous dans son corps, dans son sang, il est chemin vers le Père. Il y a là un premier lieu fondamental : les sacrements. Il faut prendre au sérieux aussi la vie chrétienne, de foi, d'espérance, de charité. Y croire et y participer. On y découvre beaucoup de témoins du Christ qui sont à leur manière des visages de Dieu, d'une autre manière que le Christ bien sûr.

Notre problème n'est pas la présence du Seigneur : Il est là ! Notre problème c'est notre propre présence. Quand nous sommes absents d'esprit ou de corps, nous passons à côté.

Cela nécessite un effort. L'amour est exigeant et demande de l'attention. Ce n'est pas seulement un exercice à la force du poignet, il faut aussi se laisser porter. Mais il nous est demandé d'être vraiment là.

On dit que Dieu nous parle, est-ce vrai ?

P. Étienne Grieu, jésuite, théologien, Directeur du Centre Sèvres

La foi chrétienne affirme que Dieu parle aux hommes. Pour beaucoup c'est une grande question car ils ne l'ont jamais entendu. Alors si Dieu parle aux hommes, comment s'y prend-il ? Certaines personnes, en entendant l'Évangile, disent parfois qu'elles l'ont entendu comme une parole qui leur est personnellement adressée, comme si c'étaient des mots spécialement pour elles. Mais dans la plupart des cas, Dieu nous parle autrement.

J'ai rencontré une personne qui a fait une expérience très forte. Elle a senti, à un moment de sa vie, qu'une question lui était posée : veux-tu suivre le Christ ou pas ? Cette personne avait une vie assez dissipée à l'époque, et elle s'est dit : Si je réponds oui, j'aurai une vie triste ! C'est ainsi qu'elle se représentait alors la vie d'un croyant. Et pourtant elle a dit oui, et elle a eu alors le sentiment qu'on appuyait sur un interrupteur électrique et que tout s'éclairait. Elle a découvert alors que la vie triste, c'est ce qu'elle vivait avant. C'est exceptionnel, mais cela peut arriver. Dans la majeure partie des cas, Dieu nous parle au long cours, à travers des choses de notre vie qui nous portent vers la paix, vers la joie, qui nous font grandir. Ce genre de choses vient de Dieu et nous mène vers Dieu, et Dieu nous parle à travers cela. Il peut s'agir d'événements ponctuels, comme de rencontres, mais aussi le fait de se sentir heureux en famille ou dans son travail, par exemple… Tout ce qui nous fait grandir. Pour un croyant, ce sera confirmé par ce qu'il vit dans sa prière, en lisant la Bible ou dans la liturgie. Si, en y repensant, il repère quelque chose qui l'appelle à vivre et si en écoutant la Parole de Dieu ou dans sa prière, il retrouve la même joie associée aux mêmes pensées, cela confirme que cela vient bien de Dieu.

Je parle de choses qui portent à la vie et rendent heureux. Mais il peut y avoir des joies qui relèvent de l'excitation et ne sont pas enracinées dans la profondeur de ce que nous sommes. Ce sont des agitations de surface. Sur le coup, cela nous paraît merveilleux, on a l'impression de vivre des choses formidables, mais après coup, cela nous laisse secs ; c'est le signe que c'était une joie superficielle. Un bonheur qui vient de Dieu nous dilate tout entier, nous ouvre intérieurement.

D'ailleurs, la première chose que Dieu nous dit, le premier mot qu'il prononce à notre égard, c'est… notre nom. Rappelez-vous la parabole du bon pasteur : « il connaît toutes ses brebis et il appelle chacune par son nom. » Il commence par là : et ce faisant, il nous appelle à la vie. Prononcer le nom de quelqu'un, c'est lui dire : Je tiens à toi, je t'espère, je t'attends, réponds-moi ! On pourrait dire que le nom de chaque baptisé est inscrit en Dieu. Dieu connaît le nom de chacun, et c'est important de s'en souvenir sinon, on risque de croire que Dieu nous appelle d'abord à faire des choses. Certes, cela arrive, mais c'est second. Dieu n'est pas une agence d'intérim qui demande d'accomplir telle ou telle tâche. Il ne nous utilise jamais. Dieu n'a pas avec nous des rapports de type utilitaire. Ce qu'il désire, c'est vivre quelque chose de fort avec chacun, de l'ordre de l'alliance, dans laquelle l'un et l'autre s'engagent profondément.

Cependant, beaucoup de grands saints se sont sentis appelés à faire telle ou telle chose. Dieu leur a bien dit :

Allez, au travail ! Mais cela arrivait sur un fond beaucoup plus large : ces personnes avaient fait l'expérience, et c'était profondément ancré en elles, que Dieu les appelait à la vie. Les histoires de sainteté ne commencent jamais par un appel à faire quelque chose de précis. Cela arrive sur quelque chose de plus large.

Pour entendre Dieu, il faut être présent à soi-même. Quand on vit à cent à l'heure, on enfile les choses, l'une chasse l'autre et finalement on ne construit rien, il n'y a pas de continuité, pas d'unité. Cela nous arrive à tous, quand nous sommes un peu débordés. Mais si toute notre vie est bâtie sur ce schéma-là, on n'est pas présent à soi-même, on ne vit pas l'unité, tout est fragmenté.

Je recommande à chaque croyant de prendre cinq minutes tous les jours — tout le monde peut le faire, au moment qui lui est le plus propice — pour repasser ce qu'il vient de vivre et se demander comment cela le laisse. C'est à faire non pas tout seul, mais en se mettant sous le regard de Dieu, qui est toujours un regard aimant et non un regard jugeant, évaluateur. Et sentir alors si ce vécu le porte vers cette joie ample et paisible, ou au contraire vers le stress, la nervosité, la rigidité, la peur… Ce qui se produit en lui, en effet, indique d'où cela vient.

Dieu ne nous parle pas du tout comme une voix extérieure qui viendrait prendre le pouvoir sur nous. Ce n'est pas du tout la manière dont il s'adresse à nous. Si on veut entendre Dieu, il faut se mettre à l'écoute de ce qui se passe en nous, de ce qui résonne en nous. C'est une petite expérience d'intériorité à laquelle est invitée toute personne, dès son plus jeune âge.

Peut-on aller en enfer ?

Frédéric Louzeau, professeur de théologie à la Faculté Notre-Dame aux Bernardins, vicaire de la paroisse Saint-François de Molitor à Paris

L'enfer : un mot terrible, effrayant, qui renvoie à une condamnation éternelle, et que Jésus emploie assez souvent ! Moi qui suis né en 1968, j'ai souvenir que dans ma catéchèse d'enfant, ou bien on ne me parlait jamais de l'enfer, ou bien des catéchistes ou des prêtres mettaient un point d'honneur à dire qu'il n'existait pas ou qu'il était vide. Progressant dans la foi chrétienne, essayant d'aimer le Christ et d'écouter toutes ses paroles, je me suis bien rendu compte qu'il en parlait à plusieurs reprises, dans des termes très forts.

Je me demande pourquoi certaines générations ont eu du mal à aborder cette question. La première objection qui est faite au dogme de l'enfer, c'est de dire qu'il n'est pas compatible avec un Dieu d'amour. J'aimerais essayer de vous montrer que c'est en réalité le contraire, et que dans le mystère de l'enfer c'est justement le mystère de l'Amour éternel de Dieu qui est en jeu.

Et puis, certains ont ajouté que, dans les temps anciens, les prédicateurs se sont servi de l'enfer pour effrayer. On appelait cela la « pastorale de la peur ». On en voit des traces dans certaines représentations murales qu'on appelle danses macabres, ou certains tableaux, ou certaines prédications.

Je voudrais réfléchir à ces deux points : quel rapport entre l'enfer et l'amour éternel de Dieu, et de quelle manière le chrétien doit-il envisager l'enfer ? Je crois qu'il faut que nous méditions l'enfer, et même que nous en goûtions la réalité, dès maintenant, ici-bas, afin de pouvoir vivre plus résolument notre vocation évangélique.

Mais commençons par l'amour éternel de Dieu. Il y a un passage dans Jérémie où le Seigneur dit à Israël : « Je t'ai aimé d'un amour éternel ». C'est d'abord cela qu'il faut méditer : Dieu nous aime à tel point qu'il nous aime pour toujours. Imaginez qu'il n'y ait pas d'enfer. Qu'est-ce que cela voudrait dire pour notre liberté ? La liberté que Dieu nous a donnée est immense. Pour aimer l'Amour infini, il nous faut une liberté infinie, c'est-à-dire une liberté capable de se refuser éternellement à l'Amour qui se donne à elle. Sans cette liberté, aucun amour ne serait possible.

Cette liberté infinie, je crois que c'est une des affirmations les plus profondes de l'Évangile du Christ : malgré tous les conditionnements culturels, historiques, familiaux, il y a au fond de nous cette capacité à s'ouvrir ou à se fermer à l'Amour infini de Dieu. C'est ce qui fait que nous sommes à l'image de Dieu. Si cette capacité n'existait pas, nous ne serions pas capables de L'aimer, et notre existence deviendrait totalement incompréhensible.

L'enfer, c'est le fait de refuser éternellement l'Amour éternel dont Dieu m'aime infiniment. Et, pour aller jusqu'au bout du paradoxe, plus on goûte l'Amour dont Dieu nous aime, plus on en voit le caractère éternel. Quand, malgré tous nos défauts et nos péchés, on découvre que Dieu nous aime jusqu'à livrer son Fils pour nous, c'est alors qu'on découvre ce qu'est l'enfer.

L'enfer est le corollaire de l'Amour de Dieu. Si Dieu nous aime, il a une ambition fantastique pour nous : il veut que nous l'aimions de tout notre être. C'est là la foi et l'espérance qu'il a en nous : que nous puissions, pauvres hommes et pécheurs que nous sommes, l'aimer de tout notre cœur. Mais cela suppose que nous soyons capables de nous fermer à l'Amour de Dieu, comme nous le faisons sans cesse jour après jour.

Si nous n'avions pas la capacité de nous refuser à l'Amour de Dieu, nous ne serions que des marionnettes, des pantins dans ses mains. Le Seigneur a eu la folie de susciter des êtres infiniment libres comme lui, et de les appeler à l'amour. C'était prendre un risque énorme, mais il l'a fait. Maintenant, si l'Église ne cesse de rappeler la possibilité réelle de l'enfer, elle n'a jamais dit qu'il y a quelqu'un dedans.

L'enfer existe, mais on ne sait pas qui s'y trouve ni combien s'y trouvent. En revanche, l'Église célèbre, notamment le jour de la Toussaint, le fait qu'il y a une multitude indénombrable de saints, d'élus, de bienheureux.

Quand nous cherchons à suivre le Christ, à faire chaque jour comme lui, par lui, avec lui, la volonté du Père, il est très important qu'à certains moments, pendant une retraite par exemple, nous puissions goûter intérieurement les peines de l'enfer. En disant cela, j'essaie de comprendre pourquoi Jésus lui-même nous parle de l'enfer. Voici un verset de l'évangile où Jésus parle de la « Géhenne de feu ». C'est dans le discours sur la montagne, au chapitre 5, quand il évoque l'adultère. « Vous avez entendu qu'il a été dit : Tu ne commettras pas d'adultère. Eh bien moi je vous dis : quiconque regarde une femme pour la convoiter a déjà commis dans son cœur l'adultère avec elle. » Et il ajoute : « Si ton œil droit est pour toi une occasion de péché, arrache-le et jette-le loin de toi. Car mieux vaut pour toi que périsse un seul de tes membres et que tout ton corps ne soit pas jeté dans la Géhenne. » Comment comprendre ces mots ? Le Christ ne nous demande pas de nous arracher les yeux au sens physique du terme. Je crois que s'il utilise cette image, c'est pour nous faire comprendre qu'il nous faut prendre des décisions radicales, que ce soit pour la chasteté, que ce soit pour l'amour des pauvres ou pour lutter contre la colère ou pour aimer nos ennemis… Il nous demande des décisions radicales. Et pour pouvoir mesurer ce que signifie cette radicalité, il faut pouvoir goûter intérieurement les deux voies qui s'ouvrent devant nous.

Donc si on veut éviter l'enfer, il faut répondre de manière radicale à l'Amour de Dieu. Et pour pouvoir répondre à cet appel, il faut pouvoir goûter déjà, de l'intérieur, la valeur de ces deux voies : ou suivre la voie du Christ, ou s'y refuser. Dans la prière chrétienne, nous demandons que Dieu nous délivre de l'enfer : « arrache-nous, Seigneur, à la damnation » (prière eucharistique I). Et en même temps, nous devons l'éprouver de l'intérieur en vue des choix que nous voulons poser.

Si je dis qu'il faut goûter intérieurement la réalité de l'enfer, ce n'est pas pour en avoir peur, c'est pour ressentir déjà tout le mal et le potentiel de destruction que nous éprouverons si nous empruntons cette voie-là. C'est pour faire l'expérience intérieure du drame de la liberté lorsqu'elle se refuse à l'Amour infini de Dieu.

Choisir de manière radicale l'Amour de Dieu dans sa vie demande tout un chemin. Un chemin quotidien qui suppose que, chaque jour, nous ayons la capacité de nous dérober à Dieu qui ne cesse de nous poursuivre de son Amour infini.

Je n'ose pas me confesser. Que faire ?

P. Xavier Lefebvre,
curé à Saint-Louis-d'Antin (Paris)

Nous connaissons tous la crainte de se confesser ! Elle peut avoir plusieurs raisons : se sentir jugé par le prêtre, se dévoiler au curé qui nous connaît bien, trop familier… De fait, on peut très bien aller voir un autre prêtre pour se confesser. C'est ainsi que beaucoup viennent à Saint-Louis d'Antin, profitant d'une plus grande discrétion. Sans être absolument nécessaire, une certaine distance permet au pénitent de se sentir libre d'exprimer l'aveu de ses fautes et de son péché, la transparence.

Sans doute, l'une des difficultés c'est cette crainte du jugement. C'est bien là, pour reprendre l'expression de C.S. Lewis, la "tactique du diable" ! Le péché finit par installer en nous une sorte de processus psycho-spirituel. Nous nous jugeons nous-mêmes, et nous nous jugeons durement, en nous identifiant à notre péché. Après le péché, la honte et la culpabilité nous freinent… Je prendrais volontiers l'image d'un petit bourreau au capuchon noir qui, avec le gourdin de la culpabilité, frappe sans cesse sur notre conscience en lui disant : *"Tu vois, tu n'es que cela ! tu n'es que ta faute ! Comment peux-tu encore prier ? T'adresser à Dieu, sale comme tu es !"…* On n'ose même plus prier, on ne se sent pas digne, puis on s'éloigne toujours plus de Dieu et de sa miséricorde.

"Je ne suis pas venu appeler les justes mais les pécheurs !"(Mt 9, 13) C'est précisément quand nous sommes pécheurs que nous avons besoin de prier ! Seul le regard de Dieu peut nous libérer de ce processus. Dieu ne nous identifiera jamais à notre faute. Nous pouvons dire avec le psalmiste : "Ce qui est mal à tes yeux, je l'ai fait", manifestant la reconnaissance de notre responsabilité, mais nous disons aussitôt : "*mais tu veux au fond de moi la vérité !*" La vérité, c'est que nous ne sommes pas notre faute ! Si Dieu nous pardonne, c'est parce qu'il ne nous réduit pas à nos péchés, il nous en sauve. Le jugement de Dieu est toujours

un jugement de salut, un jugement de miséricorde. C'est cette miséricorde que tout prêtre doit exprimer, dans l'accueil du pécheur disposé à recevoir le pardon de Dieu. Le pape François est très clair dans les directives qu'il donne aux confesseurs : « Ne posez pas de questions de curiosité » rappelle-t-il aux missionnaires de la Miséricorde. Nous n'avons pas le droit de jouer avec le sentiment de honte qui accompagne le pénitent quand il entre dans le confessionnal. "*Être confesseur selon le cœur du Christ équivaut à couvrir le pécheur avec la couverture de la miséricorde, pour qu'il n'ait plus honte et qu'il puisse retrouver la joie de sa dignité filiale, et puisse aussi savoir où il se retrouve*". (Pape François, rencontre avec les missionnaires de la miséricorde, mardi 9 février 2016).

D'autre part, si l'on veut progresser dans la vie spirituelle, il vaut mieux éviter de changer trop souvent de confesseur. La confession régulière fait partie de la croissance spirituelle. Quel est alors le "*bon*" confesseur ? Pour le distinguer de l'accompagnateur spirituel, il me semble que, connaissant peu à peu le pénitent qui vient vers lui, il sera plus pertinent dans sa petite exhortation, plus juste dans la pénitence à donner, au besoin sur tel ou tel conseil.

Cela nous amène à distinguer confession et accompagnement spirituel. La confession est un sacrement. C'est

Dieu qui agit et qui pardonne par la personne du prêtre, prononçant les paroles de l'absolution, en imposant les mains. L'essentiel de la confession, ce sont les actes du pénitent (regret, aveu et conversion) et l'acte d'absolution venant du prêtre.

Si la confession ne prend que quelques minutes (Le Saint Curé d'Ars, ou Padre Pio étaient très rapides !) l'accompagnement spirituel, lui, prend du temps. Ici, on se met à l'écoute de l'Esprit saint pour découvrir quelle est la volonté de Dieu dans sa vie. Il n'est pas nécessaire que l'accompagnateur soit un prêtre. Cela peut être un religieux, une religieuse, ou un laïc ayant été formé à cela. On ne s'invente pas accompagnateur spirituel. Quel est le "bon" accompagnateur ? Avant tout une personne qui elle-même bénéficie d'un accompagnement régulier, ayant une vie de prière authentique et un lien de mission avec l'Église, formé à l'écoute, sachant conseiller (ayant donc une bonne expérience de la vie spirituelle, et donc ayant du bon sens !), et respectant la liberté de l'autre.

Cela nous amène à une autre question : faut-il faire du confesseur son accompagnateur spirituel ? Rien n'y oblige. Cependant, si l'accompagnateur est un prêtre, et que l'on peut se confesser à lui, on distingue bien les deux moments. Surtout, le prêtre n'a pas à revenir de lui-même, par respect pour le secret de la confession, sur l'aveu d'un pénitent, même lorsqu'il en est l'accompagnateur. Une fois la confession terminée, on ne revient jamais sur les péchés qui ont été pardonnés. En synthèse, rappelons que la confession est le sacrement par lequel on est pardonné de ses péchés, alors que l'accompagnement spirituel est l'entretien par lequel on apprend à progresser avec l'aide d'un “frère aîné dans la foi”.

Le jugement de Dieu

P. Franck Javary,
curé de la cathédrale de Nanterre

Dans le Credo que nous récitons à chaque célébration eucharistique, nous disons que nous croyons en Jésus Christ qui siège à la droite de Dieu le Père tout-puissant, d'où il viendra juger les vivants et les morts. Ce jugement dernier peut sembler effrayant à beaucoup. On peut même se demander si nous allons « passer en procès » le jour de notre mort… Oui, nous allons être jugés, mais un jugement, ce n'est pas toujours négatif, même pour nos tribunaux d'ici-bas. On va au tribunal pour que la vérité soit établie. Nous souhaitons que le juge dise qui a tort, qui a raison, ce qui s'est réellement passé. Le jugement, c'est la lumière, la vérité. Au soir de notre vie, devant le Seigneur, nous serons en vérité. Après notre mort, adviendra ce que nous appelons le « jugement particulier » : nous comparaîtrons en vérité devant le Seigneur. L'Église sait aussi par l'enseignement du Christ qu'à la fin des temps, se tiendra un « jugement général » où toute chose sera révélée.

Certains peuvent trouver cela effrayant, mais qui a peur que la lumière se fasse dans sa vie ? Pas celui qui a bien agi, mais plutôt celui qui est dans l'obscurité. Cette crainte, c'est une question qui nous est posée. Je distinguerais la crainte positive de la peur qui paralyse. Dans la vie, les parents disent à leurs enfants que s'ils traversent la rue sans regarder, ils seront renversés par une voiture. Est-ce pour faire peur à leur enfant ? Non, c'est pour qu'il soit vigilant. La crainte nous invite à la vigilance, on ne peut pas être insouciant par rapport à notre vie. Si la crainte du jugement de Dieu nous permet de réfléchir à notre vie, je dirais de manière un peu provocante que c'est une bonne crainte. C'est très différent d'une peur qui paralyserait ou qui éloignerait de Dieu.

Dans son enseignement, Jésus parle du jugement en des termes assez durs. Le Seigneur nous avertit. Celui qui est renversé par une voiture parce qu'il n'a pas regardé à gauche et à droite, cela n'a rien de théorique. Le danger que nous puissions passer à côté de l'amour de Dieu, ou le refuser, n'est pas théorique non plus. Jésus est venu par amour, avec vigueur, nous avertir de nous soucier de l'amour de Dieu et du prochain, et de ne pas passer notre vie en insouciants.

On peut aussi passer sa vie en pensant qu'on fait le bien, sans voir le mal que l'on fait. Mais le Seigneur nous a donné de nombreux moyens pour éclairer notre vie. Il nous a donné l'Église, la Parole de Dieu, les sacrements, celui de la Réconciliation en particulier, qui est déjà une manière de mettre sa vie sous le regard de Dieu. Nous disons à l'Église que nous reconnaissons que nous sommes pécheurs… Nous pouvons demander au Seigneur de nous éclairer sur ce qui pourrait être une faute grave dans notre vie. On confond parfois l'accessoire et l'essentiel.

Les saints ne redoutent pas le jugement de Dieu. Ils savent que c'est le passage de cette vie à une vie nouvelle, de la mort à la vie. Peut-être pouvons-nous désirer rencontrer le Seigneur face à face, certes comme des pécheurs qui ont besoin du pardon de Dieu…

Je crois qu'il faut penser à sa mort, à la vie éternelle que le Christ veut nous donner après notre mort. Ne nous voilons pas la face. Nous vivons dans une société où l'on ne veut pas parler de la mort. Je trouve que c'est heureux d'en parler quand le moment vient. Et puis on peut demander au Seigneur de nous aider à bien vivre le temps qu'il nous reste à vivre, à être fidèle, à ne pas se décourager, et surtout à regarder le but, cette vie éternelle que le Seigneur veut nous donner. Le Seigneur est bon. Nous n'avons pas à le craindre. Saint Jean dit que l'amour parfait bannit la peur. Mais nous aurons toujours une certaine crainte, et pourquoi pas si cette crainte est pédagogique et si elle nous aide à ne pas être insouciants ?

Il est normal et humain d'avoir peur de la mort. Le Christ lui-même a souffert l'agonie sur la Croix. Il a lui aussi vécu cette angoisse. Mais c'est autre chose que la peur de Dieu.

Le jugement signifie qu'il y a en l'homme une réelle capacité de choix, que nous ne sommes pas des marionnettes. Il peut y avoir en chacun de nous un refus de Dieu qui nous sépare de lui. Le Seigneur veut nous sauver de cela. Il faut prendre au sérieux cette capacité de refus qui peut aller jusqu'au refus définitif, qui est l'enfer.

Ce refus se traduit dans nos vies par le mal. Celui qui tue son frère rejette Dieu. Caïn, en tuant son frère Abel, s'est réellement séparé de Dieu. Bien sûr, la conversion reste toujours possible, mais la liberté de l'homme est si grande qu'il peut se séparer de Dieu et de ses frères.

On peut aussi nier l'autre ou le détruire par la parole. Le Seigneur veut nous libérer de ce mal qui est en nous, il veut nous rendre libres d'aimer. Le jugement est déjà là d'une certaine façon : il se construit au fil de notre vie par nos choix. Le Seigneur finalement vient révéler ce qui est en nous, son jugement consiste à montrer la vérité de nos choix. Le jugement ne peut pas être injuste, il révèle ce que nous avons fait. Mais rappelons-nous que c'est un jugement de miséricorde. Dieu est juste, mais il veut nous sauver. Il emploiera tout ce qui dans notre vie peut contribuer à nous sauver. Mais il faut que nous participions à cette action de Dieu, que nous coopérions au salut que Dieu veut pour nous.

Ce jugement appartient à Dieu. Ce qui nous appartient à nous, c'est de nous laisser éclairer par la parole de Dieu, et de lui répondre au cours de notre vie. Pour cela, nous avons besoin de l'Église, de la communauté, des sacrements. Pour que nous voyions la poutre qu'il y a dans notre œil, il faut parfois qu'on nous l'indique. On peut se préparer à se présenter devant Dieu en vérité, sans se cacher. En commençant dès cette vie terrestre à se présenter à Dieu avec sincérité et humilité, avec foi. Voilà comment on peut se préparer à ce face à face avec Dieu, dont la clé est l'amour, mais qui s'appelle aussi jugement parce qu'il est vérité.

Le jugement dernier, celui de la fin des temps, c'est le retour du Christ en gloire, qui va faire apparaître toute chose et créer un monde nouveau. Tant que le dernier homme ne sera pas passé dans la vie nouvelle, il manquera toujours quelque chose au plan d'amour de Dieu. Ceux qui sont déjà au ciel prient pour nous et nous accompagnent. Ils attendent avec nous le retour dans la gloire du Christ, pour que la Création nouvelle, la Jérusalem céleste, soit enfin établie.

Chacun a sa place dans le plan de Dieu. Tous ceux qui en auront été jugés dignes seront habitants de cette Jérusalem céleste.

Tout cela est un très grand mystère. C'est le mystère de Dieu, le mystère de l'amour de Dieu, mais le Seigneur veut nous faire participer à ce mystère d'amour. Notre vie est un passage vers une réalité nouvelle. Ne soyons pas insouciants, soyons vigilants, comme les paraboles nous y invitent. Ne nous endormons pas !

À quelle loi le chrétien doit-il obéir ?

P. Alain Thomasset, jésuite,
professeur de théologie morale au Centre Sèvres

Le mot « loi » est ambigu et prête à confusion. Quand nous parlons de loi, nous visons plusieurs choses différentes. Il y a des lois physiques ou biologiques, celles de la nature, de la science, du fonctionnement de l'univers. Il y a des lois sociales, des normes sociales. Si par exemple dans mon milieu tout le monde se drogue, se droguer devient une norme sociale, une forme de loi, à laquelle on se conforme ou pas. Mais dans tous ces cas, il ne s'agit pas de lois morales. La loi morale, c'est ce qui nous fait grandir en humanité, c'est ce qui nous fait avancer sur le chemin du bonheur. Il s'agit d'une loi qui s'adresse à notre liberté, à notre raison.

La loi dont parle Jésus est plus large, elle n'est pas seulement morale. La Loi de l'Ancien Testament est un ensemble de lois morales, mais aussi juridiques, rituelles et liturgiques… Pour Israël, la Loi, c'est l'Alliance avec Dieu, un échange d'obligations qui répondent à l'amour de Dieu, que Yhwh demande à son peuple de respecter pour qu'il reste libre. Ce sont les dix commandements et tout le code de l'Alliance… Mais faisons attention au fait que Dieu commence par libérer son peuple. La première parole du Décalogue n'est pas « Tu n'auras qu'un seul Dieu », c'est « Je suis Yhwh ton Dieu qui t'ai libéré du pays de l'esclavage » (Ex 20,2). Et pour que le peuple réponde à cette liberté que Dieu lui donne, il lui fournit aussi des repères moraux : « Tu ne tueras pas, tu ne voleras pas, tu aimeras ton prochain comme toi-même… » Le Décalogue est une loi de vie qui est donnée pour répondre au don généreux de Dieu et continuer à vivre de la liberté donnée. Cette dynamique du don divin est encore plus vraie dans le Nouveau Testament, car c'est Dieu lui-même qui vient prendre en charge notre réponse. Le Christ vient sauver l'humanité qui n'arrive pas à respecter la Loi, il vient nous donner la grâce de pouvoir entendre à nouveau cette loi de vie et d'y obéir.

Quand Jésus parle « d'accomplir la loi » (Mt 5,17), il veut d'abord dire en faire une loi intérieure mais surtout, la mettre en perspective avec le dessein de Dieu, qui est l'amour de Dieu pour nous, l'amour bienveillant du Père qui « fait lever son soleil sur les méchants et sur les bons, et tomber la pluie sur les justes et sur les injustes » (Mt 5,45). La venue du Christ nous permet de mieux suivre la loi donnée par Dieu. Elle nous permet de l'intérioriser, d'en comprendre le sens. Jésus replace la loi dans sa perspective première, qui est l'amour et la liberté. De même que Dieu a libéré son peuple en lui faisant traverser la mer Rouge, de même Jésus nous a libérés du péché pour que nous puissions en toute liberté répondre au désir de Dieu pour nous.

Il existe d'autre part les lois de l'Église. La première loi pour un chrétien est la loi d'amour : aimer Dieu et aimer son prochain comme soi-même (cf. Mc 12,30-31). Mais comment faire pour vivre cet amour au quotidien ? Pour cela, nous avons besoin de repères : ceux que nous donnent la société et l'Église. Ces normes tracent dans un domaine particulier de l'existence des chemins qui vont nous permettre de devenir plus humains, d'éviter la violence ou ce qui peut détruire la relation et la vie humaines. Mais ce sont des lois particulières, au service de la première. Ce que visent les lois sexuelles ou sociales de l'Église, c'est cela : lutter contre la violence, nous aider à être plus humains et à avoir des relations avec nos frères qui soient plus justes et plus harmonieuses.

Ces lois paraissent parfois très contraignantes parce qu'on n'en voit que l'aspect négatif, alors qu'elles sont au service de l'amour et de la liberté. Cela dit, les lois ne suffisent pas. Elles nous montrent les impasses qu'il faut éviter, mais la vie morale ne consiste pas simplement à obéir ou à désobéir à la loi. Car nous sommes souvent confrontés à des conflits de devoirs, nous avons des obligations qui peuvent se révéler contradictoires.

Prenons l'exemple d'un ingénieur qui travaille pour une entreprise qui fabrique des plants de tomates. Il doit à son entreprise fidélité et discrétion, et il a grand besoin de son emploi pour nourrir sa famille. Il réalise un jour que les plants de tomates sur lesquels il travaille peuvent représenter un danger pour la santé des consommateurs. Que faire ? En parler à son patron ? Dénoncer ce risque à la presse ? Démissionner ? C'est ce qu'on appelle un cas de conscience, et cela arrive souvent. On peut se trouver devant un conflit de valeurs que la conscience va devoir hiérarchiser et trancher. La conscience est un peu comme un chef d'orchestre qui écoute tous les instruments et cherche à les harmoniser dans une musique unifiée. La musique est propre à chacun. La conscience écoute les règles, elle écoute aussi le désir d'être libre et d'aimer que le Christ met dans mon cœur, et elle décide en fonction des circonstances dans lesquelles je suis, en fonction de mon histoire, de ce qui est possible pour moi. C'est ce qu'on appelle le discernement, auquel le pape François nous invite et dont personne ne peut faire l'impasse.

La conscience personnelle ne se substitue pas à la loi, elle s'y réfère, et c'est elle qui parle en dernier ressort. Mais elle a besoin de s'appuyer sur la loi, qui lui permet d'éviter d'être totalement subjective en n'écoutant que son désir propre. La loi m'aide à prendre en compte les autres et la communauté, à être objectif par rapport à ce que je crois bon. Elle me sert de filtre, mais elle ne suffit pas car les normes ne peuvent prévoir tous les cas.

Il faut encore distinguer d'autres lois. Celle qui empêche les divorcés remariés d'accéder à l'eucharistie n'est pas une loi morale, c'est une règle de discipline à propos d'un sacrement. Elle a bien sûr un fondement moral et théologique, qui dit qu'il n'est pas souhaitable de divorcer et que communier suppose certaines dispositions du cœur, mais c'est une loi juridique qui concerne la distribution des sacrements au sein de l'Église. Le pape nous invite d'ailleurs à examiner les conséquences de cette règle au cas par cas (*Amoris Laetitia* 300), car, entres autres, des circonstances atténuantes peuvent intervenir.

Finalement pour le chrétien, la vraie loi est la loi intérieure, celle de l'Esprit saint. Saint Paul rappelle à plusieurs occasions qu'il nous faut obéir à la loi de l'Esprit en nous. « Portez les fardeaux les uns des autres, et obéissez ainsi à la loi du Christ » (Ga 6,2). La loi du Christ, c'est la loi de l'Esprit qui enjoint d'aimer, et qui est à entendre en nous-mêmes à l'aide du discernement, des conseillers spirituels… Le discernement moral est très lié au discernement de la vie spirituelle. Il faut écouter en nous cette conscience qui est habitée par l'Esprit du Christ.

En sa conscience, chacun de nous possède une loi intérieure qui nous guide, qui nous est personnelle et inaliénable. Une des grandes affirmations de la tradition catholique est qu'il y a en chacun de nous la capacité indestructible de reconnaître le bien et le mal. Cette capacité est parfois voilée, par le péché bien sûr, par nos mauvaises habitudes, par notre environnement social, mais même le plus grand des criminels possède cette capacité au fond de lui. C'est la voix de Dieu en nous, qui dit : « Fais le bien, évite le mal. » Comme dit le Concile, s'il faut former cette conscience, obéir à sa loi intérieure est ce qui donne à l'homme sa dignité (cf. *Gaudium et Spes*, n° 16).

À quelles conditions reconnaît-on l'invalidité d'un mariage ?

P. Emmanuel Petit, vice-official à l'Officialité de Paris et enseignant à l'Institut catholique de Paris

La reconnaissance de nullité du mariage par l'Église est une procédure mal connue. Elle s'obtient à certaines conditions et permet alors de se remarier religieusement. Pour l'Église, le mariage est indissoluble. Nulle autorité ne peut dissoudre un mariage sacramentel une fois consommé. La question est donc de savoir s'il y a bien un mariage. Ce qui fait le mariage, c'est le consentement. À défaut de véritable consentement, il n'y a pas réellement de mariage. On peut se marier à l'église, croire sincèrement que l'on est marié, alors qu'en réalité manquaient les conditions nécessaires pour un véritable mariage. La procédure d'invalidité doit étudier ces conditions. Au préalable, il faut dire que tous les fidèles ont le droit de faire étudier par un tribunal ecclésiastique la validité de leur mariage. Le tribunal doit, sans préjugé, vérifier s'il y a eu une véritable volonté de se marier au moment où le mariage a été célébré.

Sans entrer dans tous les détails du droit, on peut dire qu'il y a deux grandes questions qui se posent. La première, c'est la capacité de la personne à émettre un consentement. Certaines choses peuvent entraver celui-ci. Même si la personne était de bonne foi, elle a pu manquer de la liberté nécessaire pour consentir. Une forme grave d'immaturité, une maladie psychique peuvent en être la cause, mais aussi des contraintes telles qu'une grossesse non désirée, ou d'autres circonstances graves. Une panique, une angoisse intérieure peuvent ainsi fausser le jugement de la personne. Elle a dit 'oui' le jour de son mariage, mais en réalité, les contraintes ont pris le pas sur sa liberté et sa capacité à consentir.

La deuxième grande question est la réalité du consentement. Deux personnes peuvent se marier sans avoir vraiment voulu le mariage, du moins tel que l'Église l'entend. Le mariage implique certains engagements : être ouvert à la possibilité d'avoir des enfants, avoir le propos d'être fidèle à son conjoint, se marier pour toujours. Quelqu'un qui se marierait en excluant volontairement une de ces dimensions, par exemple en écartant délibérément la fidélité ou en refusant d'avoir des enfants, contracterait invalidement. Le mariage peut être déclaré invalide, en raison de l'absence d'un élément essentiel.

Mais l'invalidité doit être prouvée. C'est pourquoi une procédure judiciaire est engagée. Seul un tribunal ecclésiastique peut constater l'éventuelle nullité du mariage sacramentel. Comme dans toute démarche judiciaire, le tribunal doit être saisi par le requérant. Cela peut se faire avec l'assistance d'un avocat ecclésiastique, prêtre ou laïc, bénévole, qui l'aide à formuler sa demande. L'instruction de la cause se fait par l'audition du requérant, puis par la citation et l'audition de l'autre conjoint. Des témoins sont ensuite entendus. C'est notamment à partir de cela que les juges pourront se déterminer.

J'assure moi-même la fonction de vice-official de l'Officialité de Paris. Je reçois donc des personnes qui font cette demande. Je remarque que les situations des demandeurs sont très variées. Pour certains, le mariage a duré très peu de temps. Pour d'autres, la vie commune a été longue. Certaines personnes viennent nous voir très peu de temps après la séparation, d'autres plusieurs années après.

Certaines sont déjà remariées civilement. Nous accueillons tout le monde, sans préjugé. Nous sommes là pour aider la personne à faire la lumière sur sa situation, car souvent les gens ont du mal à comprendre ce qui s'est passé. Cette incompréhension leur pèse. Nous les accueillons, nous les écoutons sans les juger, et nous les aidons à discerner si leur mariage était ou non valide. C'est pour eux un soulagement que de pouvoir ainsi relire leur vie. Toutes ces personnes ont souffert, après avoir lutté avec courage pour sauver leur mariage. C'est souvent la raison pour laquelle elles mettent parfois longtemps pour venir et oser parler de leurs difficultés personnelles. À l'officialité, nous sommes souvent témoins d'une expérience pascale. Après être passée par la souffrance de la croix, la personne cherche à être éclairée sur sa situation et espère reconstruire sa vie à la lumière de Dieu. Et quelle que soit l'issue du jugement, il est déjà important d'être écouté sans être jugé, de pouvoir mieux comprendre ce qui s'est passé et d'entendre une parole objective de l'Église sur son mariage.

On se demande souvent comment un mariage peut être déclaré nul alors qu'il y a des enfants. Je comprends que cela paraisse étonnant. Mais il a pu y avoir l'apparence d'un mariage. Les époux ont cru réellement être mariés. L'Église elle-même a bien cru célébrer et bénir un mariage. Déclarer qu'un mariage est invalide ne signifie pas nier ce qui s'est passé, encore moins nier la naissance des enfants. C'est au contraire chercher la vérité et reconnaître éventuellement qu'il manquait quelque chose pour qu'il y ait un vrai mariage. Il s'agit bien d'assumer et d'éclairer ce qui a été vécu.

Pourquoi aller à la messe le dimanche ?

Étienne Grieu, jésuite,
Directeur du Centre Sèvres

De moins en moins de catholiques vont à la messe le dimanche. L'eucharistie n'est plus pour les catholiques « la source et le sommet de la vie chrétienne », comme le disait Vatican II.

Cela peut être grave si c'est le début d'une prise de distance avec Dieu. La foi, c'est une relation vivante avec Dieu. Elle peut s'endormir. L'eucharistie dominicale est l'occasion de la réveiller, d'entendre la parole de Dieu, d'être nourri, de rencontrer les autres croyants qui vont nous encourager à croire. En même temps, il ne faut pas être anxieux si l'on manque la messe un dimanche. Dieu ne nous contrôle pas, nous n'avons pas une « carte de pointage » à exhiber devant lui.

Mais il est important que les chrétiens se retrouvent le dimanche, même s'ils ne peuvent pas célébrer l'eucharistie, pour prier ensemble, louer Dieu ensemble, entendre la parole de Dieu.

La foi peut s'endormir. Cela arrive sans qu'on s'en rende bien compte. C'est pourquoi il faut être vigilant. Au début, on se dit que Dieu, on le retrouvera toujours, on ne se fait pas de souci. Mais c'est comme avec une personne qu'on ne voit plus, avec qui l'on ne parle plus. Peu à peu, on s'éloigne, sans s'en rendre compte.

Dans l'eucharistie, il se passe beaucoup de choses, que l'on pourrait résumer en disant que c'est une rencontre personnelle avec le Christ. On pourrait même dire que c'est un corps à corps avec le Christ. Il se donne sous forme de pain en disant que c'est son corps. Il a choisi de se donner à nous jusque-là. Il y a de quoi s'étonner et réfléchir. Cela rejoint l'élémentaire en nous : le manger. Donc même une personne qui n'a plus toute sa tête ou qui est touchée par le handicap mental, pourra vivre la rencontre du Christ : on n'a pas besoin d'être conscient, lucide, intelligent… Il nous rejoint comme cela.

Ne pas aller à la messe c'est ne pas aller à un rendez-vous que le Christ nous donne.

Il n'est peut-être pas mauvais de temps en temps de se prendre par la main, de se forcer un peu et d'y aller. Beaucoup de chrétiens sont sensibles au fait que parfois, la messe ne répond pas à leurs attentes. Ils s'y ennuient, ils trouvent qu'il y a trop de bruit, ou trop de silences... Ils vont à la messe et ne s'y retrouvent qu'à moitié. Beaucoup disent aussi qu'ils ne comprennent pas ce qui s'y passe.

C'est normal : on ne peut jamais comprendre tout. Ce qui est important, c'est d'être attentif au peu que l'on comprend, plutôt que de se focaliser sur ce que l'on ne comprend pas. Car le peu que l'on comprend est une nourriture. Plus on y va avec une oreille distraite, plus on s'ennuie. Plus on est présent, plus il se passe des choses pour nous.

Ce qui est fort, pour moi, c'est l'assemblée qui se trouve là, tous ces hommes et ces femmes. Très souvent, cela me met en joie. Je crois que la messe transforme la vie, mais pas de manière mesurable. C'est un travail imperceptible qui se fait en nous, qui inscrit un rythme dans notre vie, une manière d'accueillir la vie et d'y répondre. On peut même dire que c'est une manière de vivre, où l'on se voit de moins en moins comme étant à la source de ce que l'on fait, mais comme recevant énormément de Dieu. Et ce que l'on fait, ce que l'on est, devient réponse à Dieu. Bien sûr cela n'advient que très lentement, on ne sera pas transformé en deux messes. C'est de l'ordre d'un labour profond, d'une inscription au fond de notre cœur qui demande du temps.

Une précision : l'eucharistie ne se résume pas au fait de communier. C'est l'ensemble de la célébration qui est une eucharistie. Toute la célébration s'inscrit dans un mouvement : on est accueilli, on vient déposer son fardeau, on entend la parole de Dieu, on est replacé dans l'histoire sainte… Et puis on est invité à la table eucharistique. Pour ceux qui ne le sont pas, et c'est souvent douloureux. Mais ces personnes peuvent malgré tout inscrire leur vie dans le corps du Christ qui est là, en naissance, à chaque eucharistie. D'autres gestes le disent comme celui de la paix. On reçoit de son voisin que l'on n'a pas choisi la paix qui vient du Christ et on la lui donne. Et ensemble, nous sommes mis en chemin, à travers la Pâque du Christ, vers le Père.

Y a-t-il des miracles à Lourdes ?

Pr François-Bernard Michel, médecin, président du Comité international médical de Lourdes, auteur de *À Lourdes, Dieu touche terre* (Bayard)

Lourdes est vraiment une terre miraculeuse. Depuis les apparitions de 1858, cependant, on ne totalise que soixante-neuf miracles. C'est peu, pour les millions de pèlerins qui sont venus à Lourdes. Notons que Marie, dans ses messages à Bernadette, n'a jamais parlé de maladie ni de guérison. C'est la foi populaire qui, voyant surgir une source nouvelle, a eu l'idée d'en recueillir l'eau pour la boire ou soigner les plaies. Marie n'a jamais dit : « Venez ici et vous serez guéri. »

Mais la ferveur populaire a immédiatement embrayé. Ce qui est intéressant à Lourdes, c'est que les autorités ecclésiales et les médecins ont immédiatement travaillé ensemble. L'évêque du moment, Mgr Laurence, confronté aux premières guérisons supposées miraculeuses, ne voulait pas cautionner n'importe quoi. Il a donc demandé à un médecin de la faculté de Montpellier, qui était installé à Tarbes, d'étudier les dossiers et de donner un avis. Ce professeur a reconnu que dans certains cas, il y avait des guérisons inexpliquées. Et depuis 1858, on a parcouru un chemin considérable. Le mot guérison n'a plus la même signification. De nouveaux moyens de diagnostic, scanner et IRM, sont apparus. Les traitements ont changé, et pas un cancéreux ne va à Lourdes sans être passé par une chimio ou une radiothérapie... On est confronté aujourd'hui à la difficulté de savoir qui de Marie à Lourdes ou de la chimiothérapie a provoqué la guérison.

L'Église a toujours été méfiante devant les miracles, et elle a raison ! Un grand évêque de Lourdes, Mgr Theas, en 1958, a créé le Comité médical international, en lui demandant de lui communiquer des faits réels, indiscutables. Il n'y a jamais eu, contrairement à ce qu'ont prétendu certains, comme Zola, d'envie de l'Église de multiplier les miracles. Quand Zola est allé à Lourdes avec le pèlerinage national, il a été invité par le Comité à assister aux discussions. Aujourd'hui, le Comité médical scrute avec une attention soutenue les dossiers de guérisons inexpliquées, en l'état actuel des connaissances médicales et scientifiques.

Il y a toujours eu, depuis Hippocrate, des cas de guérison spontanée. Qu'est-ce qui les différencie des guérisons de Lourdes ? C'est que ces dernières sont enregistrées dans un contexte de foi et du désir de guérison du malade. On pense à la guérison rapportée dans l'Évangile de Marc de cette femme « hémorroïsse » qui avait un fibrome de l'utérus, qui vient toucher le manteau de Jésus pour être guérie. À Lourdes, les guérisons s'intègrent dans le cadre de la foi, ce qui démystifie leur caractère extraordinaire ou anormal. Il n'y a pas de raison en effet que Dieu, pour guérir, ne passe pas par des moyens qu'il a lui-même créés.

Cela veut dire que pour guérir, il faut en avoir le désir. Il faut aussi que ce désir soit porté par une foi ardente. Jésus disait qu'il n'était pas venu pour guérir, et à ceux qu'il guérissait, il disait : « Ta foi t'a sauvé. » Au Comité médical, nous sommes très prudents et nous attendons parfois une dizaine d'années avant de parler du caractère exceptionnel d'une guérison. Nous rencontrons les personnes plusieurs fois, ne serait-ce que pour compléter leur dossier médical, et nous constatons en effet qu'elles ont un très fort désir de vie. La dernière guérison exceptionnelle que nous avons constatée concerne une jeune femme, atteinte d'une tumeur qui déclenche des accès d'hypertension artérielle paroxystique gravissimes, car ils peuvent se compliquer d'hémorragie cérébro-méningée. On a épuisé tous les moyens thérapeutiques en France et son mari, médecin, avait décidé de l'emmener aux États-Unis. Elle a voulu venir à Lourdes avant de partir pour Boston. Après son passage dans les piscines, les accès d'hypertension ont cessé. Certes, elle avait accepté de partir à l'étranger, mais pour elle Lourdes était important.

Pour les médecins d'aujourd'hui, le mot guérison signifie guérison fonctionnelle, c'est-à-dire que la personne retrouve la fonction (de l'épaule, du genou, etc.) qu'elle avait perdue. Cela ne veut pas dire qu'elle a des cartilages tout neufs. On objectera que cette perte était psychosomatique et que la personne n'était pas vraiment malade. C'est mépriser les personnes que de dire cela. Ces personnes ont souffert et consulté pendant des années, on a leur dossier. Si elles sont guéries, cela veut dire quelque chose ! On dit aussi : Vous croyez cette personne guérie, mais elle rechutera, ce n'est qu'une rémission. Mais vous et moi rechuterons tous dans cette maladie qu'est la mort.

Il existe aussi des guérisons psychiques, mais à Lourdes, autant qu'ailleurs, elles sont difficilement constatables, avec des dossiers solides avant et après le passage à Lourdes. Ce sont des choses qui se passent à l'intérieur des personnes, des dépressions ou de l'anxiété qui disparaissent. Je pense qu'il est fréquent que des découragés de la vie retrouvent du sens à l'occasion d'un pèlerinage, devant la ferveur de la foule.

Je crois que si les guérisons reconnues à Lourdes sont peu nombreuses, il y en a peut-être beaucoup plus qu'on ne le pense. Les soixante-neuf guérisons « officielles » ont été reconnues par le Comité et par les évêques du lieu, et certains parmi ces derniers ne sont guère enthousiastes devant les miracles. Et puis certaines personnes n'ont pas envie de faire reconnaître leur guérison, cela se passe entre elles et Notre Dame de Lourdes.

Dans la position où je me trouve, je suis admiratif de ce qui se passe à Lourdes. Parce que c'est un endroit où j'estime que le divin touche terre. Beaucoup de personnes font le tour de la grotte en touchant le rocher de leurs mains. On peut être agacé par ce qu'on pourrait considérer comme du fétichisme. Ce n'en est pas. Ces gens sont très respectables. Ils veulent mettre la main sur un endroit où le divin s'est manifesté. On n'est pas obligé de croire aux miracles ni aux apparitions de Lourdes, mais je crois que l'incarnation s'est manifestée au-delà de l'incarnation du Christ et qu'elle se poursuit tous les jours dans notre monde.

Qu'est-ce que le monde invisible ?

**P. François Euvé, jésuite,
rédacteur en chef de la revue *Études***

Notre Credo parle de « l'univers invisible ». La Bible, elle, emploie souvent des couples de mots pour désigner une seule réalité. Quand elle parle de l'univers par exemple elle dit : « Le ciel et la terre », et il faut tenir les deux ensemble, sans les séparer. « L'univers visible et invisible » est encore un couple qui s'associe avec « le ciel et la terre ». Ce procédé biblique est récurrent, comme s'il était impossible d'exprimer toute la réalité avec un seul mot, comme si on ne pouvait jamais tout faire tenir ensemble… Il y a toujours quelque chose qui nous échappe. Et parler du monde invisible souligne bien cela. L'invisible, c'est ce qui est inatteignable, irreprésentable, hors de notre portée, de l'ordre du mystère.

Quand on accole au monde visible, que nous connaissons, le mot invisible, cela veut dire que quelque chose de notre monde nous échappe. C'est une autre dimension de notre monde. Il y a ce que nous pouvons voir matériellement, et plus généralement ce que nous pouvons saisir par les sciences, comme les notions d'énergie ou d'électrons qui ne se voient pas physiquement mais peuvent se comprendre. Mais il y a toujours une autre dimension, un mystère. Einstein était très sensible à la dimension mystérieuse, merveilleuse même, du monde concret. Vouloir représenter ce monde invisible, en le peuplant d'anges par exemple, est un peu contradictoire, car le monde invisible est précisément ce que nous ne pouvons pas nous représenter.

Le mystère, ce n'est pas seulement de la non-compréhension, au sens négatif, c'est plutôt de l'ordre d'une dynamique, qui veut que la réalité ultime des choses est en mouvement, en développement, en genèse. Voilà, je crois, ce que dit la non-visibilité de l'univers : non pas seulement une limite à notre compréhension, ni une zone interdite, mais une prise de conscience que ce que nous pouvons saisir n'est pas le tout du monde, qu'il y a encore un développement possible.

Si l'on s'en tient au Credo, celui de Nicée-Constantinople, l'univers invisible est une donnée de la foi qui peut rejoindre une expérience humaine, comme celle d'Einstein dont je parlais. La foi nous aide à prendre de la distance par rapport à notre volonté de tout saisir et de tout comprendre. L'humanité a besoin de voir, de comprendre, de s'approprier les choses. Ce besoin est légitime, mais le risque est de réduire la réalité à ce que nous en comprenons. Le Credo, la Bible, la foi chrétienne nous rappellent que la réalité a une dimension plus profonde, au-delà de ce que nous pouvons en saisir.

Cela signifie que notre réalité, notre monde visible, est infiniment plus riche que nous ne voulons bien le croire. C'est ce que j'entends quand je récite le Credo.

Dans ce monde invisible, où l'on place habituellement les anges, il y a aussi, à certains égards, les personnes disparues. C'est un aspect qui rejoint la question de la Résurrection, de la vie. Que pouvons-nous voir de la vie ? Les personnes vivantes, qui meurent et dont le corps retourne à la matière. Toute vie a une fin apparente, ce que constatent nos yeux ainsi que la science. Or la foi nous dit que la vie authentique va plus loin, et dépasse ce que nous voyons de la vie biologique. Ceux qui ont disparu à nos yeux de chair sont certainement présents dans ce monde invisible, qui n'est pas une abstraction, mais est habité par Dieu, qui habite bien sûr aussi le monde visible, et avec lui tous ceux qui nous ont précédés, toute la vie authentique qui nous dépasse largement.

Il n'y a pas de barrière qui séparerait le monde visible du monde invisible. Le monde invisible est une quatrième ou une cinquième dimension du monde visible. Il est présent au sein du monde visible. Saint Paul parle de « prémices » de la vie éternelle, que nous pouvons déjà intuitivement deviner. Quand on ressent la présence d'une personne disparue, cela ne relève pas nécessairement de l'illusion ou de l'imagination. Chaque fois que nous ressentons que notre expérience humaine est parcourue, imprégnée, par une autre dimension, une autre présence, nous sentons ce monde invisible.

Ce monde que nous ne connaissons pas peut faire peur à certains. L'idée d'un monde inquiétant des forces, des esprits, des démons appartient à toutes les cultures depuis les origines de l'humanité. Mais la culture biblique nous libère de cette inquiétude en nous disant que le monde invisible est plutôt du côté de la vie et du bien. Au risque d'oublier l'existence d'un mal mystérieux. Il y a des forces obscures qui s'opposent à l'émergence de la vie. Mais l'image du Credo qui dit que le Christ est descendu jusque dans les enfers, dans le royaume de la mort, signifie que finalement, la présence divine marque toute chose. Et même s'il y a des forces du mal qui nous dépassent, elles sont déjà virtuellement vaincues par le Christ, et donc ne doivent pas nous inquiéter.

Pourquoi fallait-il que Dieu envoie son fils mourir sur une croix ?

P. Miguel Roland-Gosselin,
jésuite, église Saint-Ignace (Paris)

« Pourquoi fallait-il… ? » La question est indiscutablement bonne, puisque le Ressuscité lui-même l'envisage : « Ne fallait-il pas que le Christ souffrît tout cela pour entrer dans sa gloire ? » (Luc 24,26). Pour lui, c'est clair, « il fallait », c'était de l'ordre de la nécessité. De notre côté (« esprits sans intelligence, cœurs lents à croire… »), nous basculons aussitôt dans la crainte : s'agirait-il d'apaiser la colère de Dieu ? Serait-ce le scénario d'un Dieu courroucé par le péché des hommes et que le sang de son fils apaise ? Est-ce là l'explication du « Il faut » ?

Quand j'étais aumônier d'étudiants, je les ai fait plancher sur le sujet : ouvrez l'évangile de Luc, et faites le compte de tous les « il faut », tous ceux qu'a prononcés Jésus. Il s'en trouve rien moins qu'une dizaine. C'est dire que Jésus est habité d'une vigoureuse nécessité intérieure ! Le premier « il faut », Jésus le prononce à douze ans : « Ne savez-vous pas qu'il me faut demeurer chez mon Père ? » Nous apprenons ici que tout ce que Jésus fera et dira dans l'Évangile sera en phase parfaite avec Dieu. Voilà son premier impérieux désir : ne rien faire qui ne soit parfaitement accordé au Père. À Zachée, Jésus dira : « Il me faut demeurer chez toi. » Aux pharisiens qui lui reprochent d'avoir guéri la femme courbée : « Ne fallait-il pas libérer cette femme ? » Honorer d'une visite un pécheur public, redresser les vivants, nous saisissons l'ultime ressort du « Il faut » : Jésus veut le bien de ses frères, leur salut. « Il me faut annoncer la bonne nouvelle du Règne de Dieu. » À la question « Pourquoi fallait-il ? » Jésus seul apportera la bonne réponse, celle qui dévoile la volonté de Dieu, et nous en trouvons la plus belle expression dans la parabole du fils prodigue : « Il fallait festoyer et se réjouir, car ton frère qui était mort est revenu à la vie. » Dieu veut introduire l'humanité dans la joie du salut, voilà l'urgence qui habite Jésus.

Sûrement, Jésus s'est mis en route avec enthousiasme. La joie est perceptible dans ses premiers mots : « Le royaume de Dieu est proche, convertissez-vous ! » Or, voyez les Évangiles, sa Bonne Nouvelle se heurte à la résistance humaine et au refus. Les « Il faut » vont changer d'allure : « Il faut que le Fils de l'homme souffre beaucoup », « Il fallait qu'il soit rejeté », « Il faut que s'accomplisse en moi les Écritures : Ils l'ont compté parmi les criminels. » D'une certaine façon, la joyeuse nécessité intérieure se colore d'un douloureux « Il faut bien ». Jésus est libre, foncièrement libre, et de deux choses l'une : ou bien il capitule et se retire, et c'en est fini de l'amour éternel du Père, ou il tient bon. Pour tenir bon dans l'amour, il faudra bien aller jusqu'au bout, tout donner, jusqu'à mourir. Jésus l'a compris : « Il me faut aller à Jérusalem, c'est là que meurent les prophètes. » Il offrait l'amour du Père, mais les hommes rejettent un amour qui les porterait trop loin, qui les élèverait trop haut ; ils préfèrent tuer l'amour.

Comment se peut-il, pourquoi fallait-il, que nous refusions la bonté de Dieu ? Je viens d'en indiquer une raison, mais elle ne suffit pas. Rien n'expliquera la folie humaine du péché, de notre défiance vis-à-vis de l'amour qui s'offre. Jésus le dira lui-même, en citant les Écritures : « Ils m'ont haï sans raison » (Jean 15,25). Le drame du péché, de la défiance-péché, a été porté jusqu'au bout, mais le péché n'aura pas le dernier mot. L'urgence d'amour qui habite Dieu, qui est Dieu lui-même, ne saurait céder devant nos peurs et nos petitesses. Dieu connaît la grandeur de l'homme, il l'a créé « très bon » (Genèse 1). Il descendra « s'il le faut » jusqu'au plus bas de nos petitesses pour restaurer notre grandeur. L'évangéliste Jean montrera bien cela, comme l'abaissement de Jésus constitue en même temps son exaltation dans la gloire et notre propre relèvement. Il fallait aimer « jusqu'à l'extrême ».

Il y a décidément un grave contresens à imaginer le Père « sacrifiant » son fils ; le lointain récit du sacrifice d'Isaac, Dieu arrêtant la main d'Abraham, ne suffit-il pas à nous interdire ce genre de fausses pistes ? Certes, il est question chez saint Paul de « rançon » et de « rachat » ; mais à qui verse-t-on une rançon, sinon à un bandit malfaisant ? S'il y a « rançon », ce n'est certes pas à Dieu qu'elle est versée ; elle est ultime concession à la puissance du mal, pour que s'exerce « jusqu'à l'extrême » la victoire de l'amour. Il fallait que meure Jésus en croix, il fallait que Dieu son Père pleure ce jour-là sur la folie des hommes, mais il fallait surtout que s'entende le dernier mot de Jésus : « Père, pardonne-leur, ils ne savent pas ce qu'ils font ». Il fallait que l'Esprit de Jésus soit « remis » à son Père et que nous le recevions, « l'Esprit qui est Seigneur et qui donne la vie ». Ainsi est parfaite notre joie, qui est la joie-même de Jésus (Jn 15,11).

Pardonner, est-ce oublier ?

Antoine Nouis, théologien protestant

Non, pardonner n'est pas oublier. Le pardon est un commandement, tandis que l'oubli ne peut pas se commander. L'oubli peut être une grâce ou une maladie, ce n'est pas un commandement. Enzo Bianchi, le prieur de la communauté œcuménique de Bose en Italie, dit que Dieu pardonne en oubliant, mais que l'homme pardonne en gardant la mémoire. Peut-être Dieu peut-il oublier, mais nous ne sommes pas maîtres de l'oubli. Et nous devons pardonner sans oublier, car le pardon est un commandement. Un commandement difficile bien sûr, mais salutaire. Jésus dit : « Si vous ne pardonnez pas, vous ne serez pas pardonnés », ce qui est assez curieux et dérangeant. Celui qui doit pardonner est celui qui a été offensé, si par son manque de pardon, il n'est pas pardonné, cela relève de la double peine ! Nous sommes devant un paradoxe, que l'on peut dénouer en disant que le pardon nous libère de l'offense qui nous a été faite. Le pardon est une libération, qui demande un combat difficile.

Pardonner à quelqu'un qui ne nous demande pas pardon, qui ne reconnaît pas l'offense est encore plus difficile. Rappelons-nous que la première personne à laquelle nous faisons du bien en pardonnant, c'est nous-mêmes. Si notre offenseur nous demande pardon, il est bien sûr plus facile de pardonner, mais s'il ne le demande pas, que faisons-nous de l'offense ? Allons-nous la laisser s'infecter en nous et distiller son poison ? Le combat et la démarche du pardon consistent au contraire à la déposer hors de nous.

Il y a plusieurs degrés dans le pardon. Pardonner quelqu'un qui vous a marché sur les pieds n'est pas très difficile. Nous parlons plutôt du pardon envers quelqu'un qui vous a profondément blessé, qui vous a trahi ou calomnié. Nous avons tous traversé cela un jour. Spontanément, naturellement, nous réagissons par la vengeance, nous cultivons un sentiment d'injustice, nous nous persuadons que nous sommes malheureux… Nous sommes invités à dépasser ce sentiment par le pardon. Ce n'est pas une mince affaire et cela n'a rien de mièvre ! Nietzche disait que les chrétiens pardonnent parce qu'ils n'ont pas le courage de se venger. Le pardon n'est pas en deçà de la vengeance, mais au-delà. Je pardonne parce que je crois que le pardon porte plus de vie et d'espérance que la vengeance. Si je ne pardonne pas, je reste prisonnier de l'offense. À ce sujet, j'ai beaucoup reçu du livre de Desmond Tutu, l'archevêque anglican d'Afrique du Sud, qui a lutté pour tourner la page de l'apartheid en Afrique du Sud. Il a écrit *Il n'y a pas d'avenir sans pardon* (Albin Michel), pour dire que son pays ne pourra pas avancer si les deux communautés qui le composent ne dépassent pas la blessure extrêmement profonde que l'une a infligée à l'autre. Il y décrit un dessin où l'on voit deux soldats devant un monument aux morts. L'un demande à l'autre : « As-tu pardonné à ceux qui t'ont fait prisonnier ? » L'autre répond : « Non, jamais ». Et le premier lui dit : « Alors, tu es toujours leur prisonnier. » Si l'on ne pardonne pas, on reste prisonnier de celui qui nous a offensés.

Pardonner, c'est mettre l'offense à sa juste place. Quand nous sommes offensés ou quand nous traversons une épreuve, celle-ci a tendance à occuper toute la place dans notre esprit. Nous avons le sentiment que toute notre vie est obscurcie par l'épreuve ou l'injustice qui nous est faite. Pardonner, c'est éloigner peu à peu l'offense pour pouvoir nous dire que nous sommes plus que ce qu'on a fait de nous. Et ainsi parvenir à dépasser et surmonter l'offense. Dans la pratique, c'est un combat très difficile. Cela demande un travail spirituel ou psychologique. Il ne suffit pas de dire « Je pardonne » pour pardonner réellement. Le pardon, comme le deuil, n'est pas un processus linéaire. Il peut arriver qu'à certains moments de vulnérabilité, l'offense revienne nous tourmenter. C'est un processus long, difficile, et qui ne ramène pas à la situation antérieure à l'offense. Prenons dans la Bible l'histoire de Jacob et Esaü. Jacob usurpe le droit d'aînesse de son frère, part vivre une vingtaine d'années à l'étranger. Puis il a le mal du pays et il revient vers son frère. Comment la rencontre va-t-elle se passer ? Dans la nuit qui précède a lieu ce combat énigmatique avec l'ange, puis Jacob retrouve son frère et ils tombent dans les bras l'un de l'autre. Esaü lui propose de cheminer ensemble, mais Jacob refuse : « Mes troupeaux risqueraient de gêner les tiens, prends à droite, j'irai à gauche. » Ce n'est pas parce que l'on est réconcilié que l'on doit à nouveau vivre ensemble. Et ce n'est pas parce que l'on a pardonné que l'on ne doit pas se protéger pour éviter d'être à nouveau blessé.

On n'est jamais à l'abri d'une rechute. Mais quand on arrive à mettre l'offense à distance, quand elle ne vient plus cannibaliser notre existence, quand on parvient à nouveau à aimer, à faire des projets, à entretenir des relations saines, on n'a peut-être pas pardonné de manière absolue, mais on a fait ce qui nous est demandé, c'est-à-dire poursuivre notre chemin malgré la blessure qui est en nous.

La réconciliation est autre chose. Il faut être deux pour se réconcilier. Parfois, l'autre n'y est pas prêt. Ce qui nous appartient, c'est de faire notre part du chemin.

Pourquoi prier Marie puisque Jésus nous dit que pour aller vers le Père il faut passer par lui ?

Luc Forestier, prêtre de l'Oratoire, enseignant à l'Institut catholique de Paris

Dans la formulation de la question se trouve une idée très juste : « aller vers le Père ». La prière est vue comme un moyen d'aller vers le Père. La prière est destinée à Dieu. Dans la liturgie eucharistique, on dit : « Toi qui es vraiment saint, toi qui es la source de toute sainteté ». Cette prière s'adresse bien au Père, mais par le Fils et dans l'Esprit saint. Toute prière, et la liturgie eucharistique en est une, s'inscrit dans cette formule trinitaire : Vers le Père, par le Fils, dans l'Esprit. Alors Marie dans tout cela ? Je dirais que nous avons deux éléments : les Écritures, qui permettent de positionner la Vierge Marie, car elle est vraiment présente dans le Nouveau Testament, et la manière dont elle a été perçue dans la tradition chrétienne. Quand on reprend la prière mariale, la salutation mariale, on dit : « Je vous salue Marie ». Le début de cette prière est tiré du chapitre 1 de l'évangile de Luc, et la fin, « Sainte Marie, mère de Dieu, priez pour nous pauvres pécheurs, maintenant et à l'heure de notre mort », n'y figure pas. Mais ce qui intéressant, c'est « priez pour nous ». On s'adresse à elle pour la solliciter afin qu'elle prie pour nous et avec nous. C'est un équilibre très puissant.

Marie n'est pas la médiatrice, car le seul médiateur est Jésus Christ, mais elle est là pour intercéder. Elle a un rôle d'intercession qui lui est confié par Jésus lui-même à la fin de l'évangile de Jean quand il lui dit au moment ultime en désignant le disciple qu'il aimait : « Femme voici ton fils » et au disciple : « Fils, voici ta mère. » Il lui assigne un rôle maternel.

Nous n'avons pas à prier Marie pour aller vers le Père, mais pour lui demander de nous accompagner, de prier pour nous, d'être avec nous. C'est une figure maternelle essentielle, surtout dans des moments difficiles, où l'on a besoin d'une forme de présence. La Vierge Marie représente tout à la fois l'humanité et Israël. Israël dans sa singularité, et l'humanité tout entière capable de dire « Oui ». Marie est celle qui, librement, a dit « Oui ». En cela, elle est « la première en chemin », comme nous le chantons.

Pour certains chrétiens, Marie est très importante, pour d'autres elle l'est moins. Je dirais que cela varie selon l'état de notre vie intérieure, selon nos choix ou notre cheminement. C'est laissé à la libre appréciation du croyant. Le christianisme est la seule des grandes religions qui n'impose aucun pèlerinage. On n'est pas obligé d'aller à Lourdes ou à Fatima. L'Église catholique fait vivre en communion une grande diversité de sensibilités.

On a le choix, mais ce n'est pas un choix arbitraire, c'est un choix qui s'inscrit dans un cheminement. Peut-être dans votre vie aurez-vous été marqué par des personnes pour lesquelles Marie était très importante. Ou moins…

Pour beaucoup de femmes et de mères de famille, la Vierge Marie a une place particulière dans leur vie de mères, de femmes, d'épouses… et elles ont bien raison ! Marie est, d'une manière singulière, mère, femme, épouse, et l'identification est naturelle. Mais l'attachement à ce que Marie représente n'est pas réservé aux épouses et aux mères de famille. Ce que Marie représente, c'est la capacité à accueillir une parole jusqu'à ce qu'elle prenne corps dans notre existence, et cela concerne tous les chrétiens. Tous les chrétiens devraient pouvoir dire comme elle au moment de l'Annonciation : « Qu'il me soit fait selon ta parole. » Elle est un modèle pour tous, auquel on s'identifiera plus ou moins.

Marie est la femme des Écritures. Elle est la « fille de Sion », l'espérance d'Israël, qui accueille la Révélation à travers les Écritures. Elle est aussi celle qui montre le Christ. Elle ne se contente pas de porter l'enfant, mais le présente au monde et nous l'offre. C'est pourquoi on peut prier Marie sans oublier de prier le Christ, en la laissant à sa juste place, sans lui donner un rôle démesuré par rapport à ce que nous en disent les Écritures et la tradition chrétienne. D'ailleurs, les Actes des apôtres mentionnent parfois sa présence, mais n'en disent pas plus.

On prie Marie parce qu'elle est la mère de Jésus, et donc la mère de Dieu. On peut lui demander beaucoup de choses. On peut se confier à elle, se placer sous son patronage. Elle répond : « Qu'il me soit fait selon ta parole. »

Prière chrétienne et prière musulmane ont-elles des points communs ?

F. Emmanuel Pisani, dominicain,
maître de conférences à l'Institut catholique de Paris

La question des « points communs » est incontournable en théologie des religions. On aimerait parfois en faire abstraction pour essayer de rentrer dans la logique propre de l'autre, sans chercher à le traduire dans son langage et à le rattacher à quelque chose de connu… mais c'est très difficile. La prière est sans doute le lieu où cette rencontre se donne le mieux à voir car on y fait l'expérience du désir commun de l'homme de se tourner vers Dieu. Ainsi, la prière est un lieu de communion entre croyants de toutes religions. Et de fait, pour les chrétiens, elle est le fruit dans le cœur de l'homme de l'action de l'Esprit Saint. Une prière authentique, abandonnée, où le priant se reconnaît pauvre devant Dieu, contribue à souder la famille humaine et à construire la fraternité. Il est certain que la nature de la prière est cependant dépendante de notre connaissance et représentation de Dieu. Chrétiens et musulmans auront d'autant plus de points en commun dans la prière qu'ils partagent une vision commune de Dieu : un Dieu créateur, un Dieu Tout-Puissant, un Dieu Juste, un Dieu bienveillant et miséricordieux, un Dieu qui connaît les hommes. Il s'ensuivra des attitudes communes de prière tandis que là où nous divergeons dans notre connaissance de Dieu, il y aura d'autres attitudes priantes, d'autres mots aussi, d'autres expressions pour nous tourner vers Dieu et nous adresser à lui.

En islam, la *salat* est un des cinq piliers. C'est un rite codifié qui inclut à la fois le corps et l'âme. Elle est obligatoire pour les musulmans et doit être accomplie cinq fois par jour. Elle ne peut être accomplie sans être précédée d'ablutions corporelles. Il s'agit de purifier son corps de ses souillures et c'est avec un corps purifié que l'orant peut se tourner vers Dieu. Le musulman tient alors son visage en direction de La Mecque, il récite la sourate 94 et formule son intention de prier, puis il récite la première sourate du coran, la Fâtiha, il s'incline, se prosterne, récite son témoignage de foi, la *shahada*, premier pilier de l'islam. Cette prière est pour lui une offrande à Dieu. Il y exprime l'exclusivité de son adoration pour Dieu, il reconnaît aussi sa petitesse et sa misère, mais aussi la force d'un Dieu qui par sa miséricorde le relève, le redresse. Chaque mouvement du corps a un sens spirituel et fait partie intégrale de la prière.

En christianisme, le corps a aussi une place, mais il est moins sollicité. La posture chrétienne par excellence est la verticalité : elle signifie la double appartenance de l'homme à la terre et au ciel, mais aussi la foi au Christ ressuscité, redressé, relevé des morts. Dans la prière chrétienne, l'orant se tourne vers Dieu qui est Père. On a d'ailleurs pu comparer la prière du Notre Père à celle de la Fâtiha qui fut très probablement à l'origine une prière récitée par les musulmans avant la lecture du Coran. Elle accompagne le chrétien dans tous les moments importants de sa vie et de sa journée. Dans le catholicisme, elle est aussi accompagnée de la prière du « Je vous salue Marie » qui est une prière christologique formulée au Moyen Âge. C'est la foi au Christ, Fils de Dieu, qui y est exprimée, mais c'est aussi la foi en la communion des saints et donc à l'intercession des saints. L'orant récite en effet : « Sainte-Marie, mère de Dieu, priez pour nous » : il associe donc Marie à sa prière au Seigneur. Pour le chrétien, le Christ est le Sauveur de sa vie ; Il est Dieu venu au milieu des hommes pour le sauver. La prière chrétienne sera donc naturellement aussi adressée à Lui. En outre, pour les chrétiens, la relation entre le Dieu-Père et le Dieu-Fils engendré qui prend chair est une relation d'amour et cette relation est l'Esprit Saint. La prière chrétienne se tournera ainsi vers l'Esprit Saint, ce Feu, cette énergie, ce Souffle invisible qui transmet à l'homme cette capacité d'aimer au-delà du monde visible et sensible. La prière chrétienne est donc foncièrement trinitaire. Il y a là une différence importante qui tient à ce que chacun dit et connait de Dieu. En christianisme, la journée est aussi divisée en différents temps de prière. Les moines prient sept fois par jour. C'est la prière des heures. Comme en islam, on retrouve la même idée d'inscrire la temporalité, le quotidien, avec Dieu. Il s'agit de sanctifier la journée, et à l'aide de Psaumes, de garder la communion avec Dieu, le cœur à cœur, au point de faire de toute sa vie une prière incessante.

En christianisme comme en islam, la prière n'est pas seulement « codifiée », elle peut être aussi spontanée, venir du cœur, avec les mots de chacun. En islam, c'est particulièrement vrai dans les milieux soufis. Certains savants soulignent que ces prières ont plus de valeur encore que la *salat* car elle est gratuite, non obligatoire. Pour autant, la prière chrétienne met l'accent sur une certaine familiarité avec Dieu, une intimité, qui parfois surprend les musulmans. Mais cette prière a sa cohérence de la part de ceux qui croient que Dieu s'est fait homme pour entrer dans une relation d'amitié avec les hommes.

On peut enfin remarquer qu'il y a dans les deux religions de grands priants. Ils témoignent d'une confiance en Dieu, d'une confiance en sa providence. Ils sont là, à prier sans cesse, même si la forme diffère ainsi que la connaissance de Celui à qui ils s'adressent. Mais on retrouve ce même désir de prier, de se tenir auprès de Dieu, de ne pas l'oublier, de remettre sa vie dans ses mains. Dans la mystique, il peut même y avoir des formules surprenantes de convergence comme celle d'al-Hallaj au dixième siècle qui s'est un jour adressé à Dieu en l'appelant Père.

Qu'est-ce qu'un miracle ?

François Bernard-Michel,
président du Comité médical de Lourdes

Un miracle, c'est par définition une manifestation surnaturelle du divin. Le surnaturel, c'est ce qui est au-dessus du naturel, ce qui n'est pas banal et n'arrive pas au quotidien. Et qui implique que la personne qui l'invoque croit à l'existence d'un surnaturel venu de Dieu. La foi chrétienne est fondée sur du surnaturel. Le fait que Dieu a eu un fils né d'une vierge, mort sur une croix et ressuscité peut paraître étrange. Pourquoi le croyons-nous ? Parce que nous pensons que Dieu peut créer des événements qui sont au-delà du naturel.

L'objection scientifique suppose une discordance entre des données scientifiques et des données surnaturelles. Pour ma modeste part, je crois qu'il n'y en a pas. Je ne suis pas rationnel et scientifique à l'Académie nationale de médecine que je préside, et irrationnel à Lourdes. La question du rapport entre la science et la foi ne m'a jamais intéressé, non pas qu'il n'y ait pas de liens, et si l'on me démontre un jour scientifiquement l'existence de Dieu, j'en serai ravi. Mais je crois que ce ne sera jamais le cas car Dieu n'est pas démontrable. C'est une affaire d'adhésion libre, individuelle, et je n'ai pas à convoquer Dieu au tribunal de ma raison et de mon intelligence. À la fin de l'histoire de Job, Dieu le laisse libre de croire ou non. Croire au surnaturel, c'est croire que Dieu peut intervenir dans nos vies, par des manifestations exceptionnelles comme à Lourdes, mais aussi dans notre quotidien, par des rencontres, des partages, qui orientent notre vie, nous chamboulent, nous illuminent.

Le surnaturel ne se manifeste pas forcément dans un événement extraordinaire. J'ai le souvenir d'une épouse d'un grand malade, issue d'un milieu très fruste, je ne sais même pas si elle savait lire et écrire. La maladie de son mari leur posait de gros problèmes, car ils tenaient tous deux une ferme. Quand j'en ai parlé avec elle, elle m'a tenu des propos d'une très haute spiritualité qui m'ont vivement ému, presque choqué. C'était une irruption du divin dans la vie quotidienne. L'Esprit inspire des personnes de toute condition, n'importe quand ou comment.

À Lourdes, c'est continuel dans le quotidien, ne serait-ce que par cette charité qui est manifestée aux personnes souffrantes. Le souci de l'évêque de Lourdes, c'est que ces personnes se sentent intégrées et accueillies. Car il dit avec raison qu'il n'est rien de pire que de faire une démarche de pèlerinage, avec toutes les implications financières que cela représente, et de se retrouver là comme un étranger. Il faut que cette immense collectivité de Lourdes, cette Jérusalem nouvelle, soit ouverte et accueillante.

Je crois que le premier miracle de Lourdes, c'est le soin donné aux malades. Souvent, les personnes handicapées ou malades sont cachées, on ne les montre pas. À Lourdes, au contraire, elles sont au premier rang, à l'honneur. Non pas dans une sorte de démonstration suspecte et déplorable, mais pour dire qu'ils sont tout près du Christ, les premiers présents aux yeux du Christ.

Il y a eu des miracles à Lourdes, il y en a. Mais même s'il devait ne plus y en avoir un jour, cela n'enlèverait rien à ma confiance en la Vierge Marie. Encore une fois, Dieu n'a pas de comptes à nous rendre. Le miracle ne doit pas étayer ma foi. Je ne blâme pas ceux qui ont besoin d'une manifestation surnaturelle pour croire, mais je suis inquiet pour leur foi, je crois qu'elle a besoin de béquilles. Le Christ nous demande de croire sans avoir vu.

S'il n'y avait plus miracles à Lourdes, Lourdes resterait Lourdes, car c'est un lieu de rencontre et de partage de chrétiens du monde entier, où s'exerce de manière exceptionnelle la véritable charité chrétienne. Vous voyez venir là des personnes de toutes sortes, mettre une blouse blanche et, sans rien dire de ce qu'elles cherchent ou de ce qu'elles vivent par ailleurs, pousser des chariots, apporter à boire aux malades… C'est la charité à l'œuvre. Cette charité est miraculeuse.

Dans la vie de tous les jours, nous n'avons pas l'occasion de voir la souffrance de près. La souffrance est pourtant dure et omniprésente, et moi qui suis un médecin d'une certaine génération, je peux vous dire combien les médecins sont affreusement, monstrueusement lents sur le chemin de l'humanité. Étudiant en médecine, j'ai vu des scènes monstrueuses d'inhumanité. Et la médecine d'aujourd'hui est menacée par une nouvelle forme d'inhumanité. Les jeunes médecins qui sont par ailleurs pleins de qualités et de compétences que nous n'avions pas de mon temps, sont menacés par l'idolâtrie de la technologie. Et ils ont tendance à dire au malade : « Je vous ai fait un scanner, une IRM, que voulez-vous de plus ? » Et le malade pourrait leur répondre : « J'aimerais que vous m'écoutiez et que vous vous demandiez pourquoi je suis venu vous voir et quelle est ma souffrance… » Le risque d'aujourd'hui, c'est de croire que la technologie nous dispense du dialogue avec le malade.

À Lourdes, on parle de la souffrance. On se tient présent, même si on ne peut pas faire grand-chose pour la soulager.

Les miracles sont importants car ils ont valeur de signes. Jésus ne manquait pas de souligner que les guérisons qu'il opérait étaient des signes de la présence de Dieu. Mais il nous faut aussi croire sans voir et sans savoir. Au journal télévisé, on voit bien plus d'atrocités que de miracles. Et nous nous demandons alors où il est et ce qu'il fait. Si nous voulons continuer à croire, il nous faut croire sans preuves.

Doit-on maîtriser son corps ?

Dominique Salin, jésuite,
enseignant au Centre Sèvres

La question ne concerne pas uniquement les chrétiens, et elle est dans l'air du temps, qui nous invite à prendre soin de notre corps, à le développer, à le rendre harmonieux... Il y a même une sorte d'impératif, de mot d'ordre quasi terroriste : désormais, il faut avoir un corps présentable. La mode est au *body-building.* Sculpter son corps, se façonner un corps svelte et musclé à la fois. Donc, oui, maîtriser son corps, voire même le mater. Certes la tradition monastique chrétienne insiste, comme les autres traditions, sur la maîtrise du corps. Mais en quoi consiste cette « maîtrise » ?

Si maîtriser son corps, c'est éviter de se laisser submerger par ses pulsions « animales », on ne peut qu'être d'accord. Mais s'il s'agit de maltraiter son corps, non. Il y a des gens pour croire que le christianisme invite à mépriser le corps, voire à le faire souffrir, par des flagellations, des cilices, des jeûnes prolongés, des privations de sommeil, etc.

Certes, cela fait bien partie de la tradition de l'Église. Mais l'Église a surtout une tradition de discernement, de mesure, qui n'existe pas nécessairement dans toutes les religions. Pensez aux yogis hindous, qui se couchent sur des lits de clous, qui traînent le char de Shiva en s'enfonçant d'énormes crochets dans les épaules… La souffrance physique volontaire peut être exaltée ailleurs, mais pas dans la tradition chrétienne.

Dans la tradition occidentale, il peut y avoir une forme de mépris du corps, une tentation de spiritualisme. Mais cette tradition qui méprise le corps et n'attache d'importance qu'à l'âme ne vient ni du judaïsme ni du christianisme. Elle vient de la tradition grecque païenne, antérieure au christianisme. Le grand historien Peter Brown l'a bien montré dans *Le Renoncement à la chair*. C'est la spiritualité et la philosophie grecques qui veulent que le corps soit une prison pour l'âme, et qu'il faille surtout s'occuper de l'âme. Ce venin grec s'est immiscé dans la tradition chrétienne. Les passions, voilà ce qu'il faut maîtriser.

Les passions passent par le corps, mais pas seulement ! L'ambition, le désir de briller, l'envie, la jalousie, sont de terribles passions, au moins aussi importantes que les pulsions sexuelles. Voici quelques phrases de mon maître en discernement, Ignace de Loyola : « Il faut s'appliquer à dompter l'âme bien plus que le corps, à briser les passions plus que les os. » Lui-même, après sa conversion, pendant l'année passée à Manrèse en ermite, s'était flagellé et livré à toutes sortes d'excès terribles. Et il en a tiré les leçons. Il disait par exemple : « Chez les personnes brillantes et cultivées, le mépris de soi-même et le dédain de l'estime doivent passer avant la macération du corps. » Nous ne sommes pas les maîtres de notre corps. Notre corps appartient à Dieu. Donc les macérations physiques ne peuvent être permises à tous de la même manière. Il faut user de discernement. Le corps n'est pas notre propriété. Il y a eu une illusion dans le christianisme naissant, qui a consisté à croire que l'homme pouvait mater son corps, notamment sur le plan de la sexualité. Cela a été dénoncé très tôt par l'Église, au IIe siècle, comme une hérésie qu'on appelle l'encratisme, du mot grec *enkrateia* qui veut dire maîtrise de soi.

On doit faire de son corps un ami. Il faut se laisser apprivoiser par lui, c'est-à-dire ne pas le considérer a priori comme un ennemi. Au contraire, il faut tâcher d'en faire son allié, essayer d'être diplomate avec soi-même. On n'y arrive pas d'un coup. D'une certaine façon, mon corps, c'est moi. La philosophie contemporaine, la phénoménologie, l'anthropologie nous le disent : je suis mon corps. Je n'ai pas un corps, je suis mon corps. Il faut donc le soigner, l'entretenir. Saint Paul le dit, quand il parle de l'amour de l'homme pour la femme : « Il doit aimer sa femme comme sa propre chair ». Il n'emploie pas le mot corps, un peu trop matériel. Le mot chair désigne le corps en tant qu'il est animé par l'âme. Les deux sont indissociables tant que nous sommes vivants. Nietzsche demandait : « Votre corps, qu'annonce-t-il de votre âme ? » Que nous le voulions ou non, notre corps dit quelque chose de notre personnalité. Quand quelqu'un vit en paix avec lui-même et avec ses passions, cela se voit. On voit si quelqu'un est épanoui ou frustré rien qu'à la façon dont il marche, à son regard, à son port de tête, etc.

Cela demande beaucoup de travail. L'ascèse est un travail. Le mot grec *askèsis* signifie « exercice », « entraînement ». Le mot appartient au vocabulaire du sport. Il faut s'exercer.

L'ascèse se pratique par l'attention que l'on porte à ses réactions. Le soir, par exemple, je fais une petite relecture de ma journée, et je regarde les moments où je me suis laissé entraîner par ma colère, mon irritation, mon impatience, et j'essaie de me corriger. C'est un long processus, c'est un chemin qu'il vaut mieux ne pas entreprendre tout seul, mais en prenant à témoin une personne d'expérience. À terme, la maîtrise de soi aboutit à une certaine liberté, à une spontanéité retrouvée.

Maîtriser son corps, c'est parvenir à une harmonie entre le corps et ce qu'il y a de meilleur dans mon désir. C'est un idéal atteignable, nous connaissons tous des gens qui semblent l'avoir atteint ou n'en sont pas très loin. C'est l'affaire de toute une vie. Ce n'est jamais acquis, ce n'est jamais terminé. Mais on peut en faire un objectif.

Pourquoi dire que Marie est « perpétuellement vierge » ?

Guillaume de Menthière, théologien, professeur aux Bernardins, à Paris

L'Église catholique affirme la « virginité perpétuelle », de Marie, la mère de Jésus, vérité que beaucoup de chrétiens peinent à comprendre.

Il faut distinguer la conception virginale qui dit que Marie a conçu Jésus du Saint-Esprit et qui figure dans les Écritures, de la virginité perpétuelle de Marie, une affirmation que l'on trouve au IVe siècle chez saint Ambroise et son fils spirituel, saint Augustin, du côté occidental. Du côté oriental, on peut parler de saint Epiphane de Salamine qui, au IVe siècle lui aussi, appelle Marie « la toujours vierge ».

Le Credo proclame Jésus non seulement conçu mais « né de la Vierge Marie ». On a affirmé très tôt que Marie était restée vierge même dans l'acte d'enfanter. Le concile Vatican II fait écho à cette tradition en enseignant que la naissance de son Fils n'a pas été pour Marie la perte mais la consécration de son intégrité virginale. On retrouve cette idée dans les oraisons des messes consacrées à la Vierge Marie. Pourquoi a-t-on dit cela ? Comment les Pères de l'Église ont-ils médité sur ces mystères ? Ils font sans cesse un lien entre Noël et Pâques. L'idée, c'est qu'un ventre vide trouvé plein et un tombeau plein trouvé vide forment un seul et même signe.

La virginité de Marie n'est pas une question gynécologique, c'est un mystère de foi, que les Pères de l'Église replacent dans le contexte du mystère de l'Incarnation et de la Résurrection. Ils disent que, de même que Jésus ressuscité entre dans le Cénacle dont toutes les portes sont closes, de la même manière il est sorti du sein maternel sans l'ouvrir. Si Marie n'a pas eu par la suite d'autres enfants selon la chair, si elle est demeurée vierge, c'est en vue de sa maternité spirituelle, selon laquelle elle devient notre Mère à tous. « Voici ta mère » dit Jésus crucifié s'adressant à tous ses disciples et désignant Marie.

C'est une vérité commune aux orthodoxes et aux catholiques. Mais c'est une croyance moins partagée dans le monde protestant.

La virginité perpétuelle de Marie est importante parce qu'on explique les mystères les uns par les autres et que tout se tient dans la foi. Il y a une cohérence des mystères de la foi. Le plus important, c'est la conception virginale de Jésus, qui est affirmée par l'Écriture. Jésus vient de l'Esprit saint, c'est dit avec une grande force. La aussi, les Pères de l'Église associent le mystère de la conception virginale et le mystère de la Trinité, en disant que, de même que le Verbe de Dieu est engendré éternellement dans le sein du Père sans le secours d'une mère, de même Jésus est engendré temporellement dans le sein d'une mère sans le secours d'un père. Mystère de la Trinité, de l'Incarnation, de la Résurrection, tous ces mystères forment un seul et même mystère, le mystère de la foi, du Christ, de Dieu fait homme et sauveur du monde.

Il ne s'agit donc pas, comme le disent beaucoup, d'une sorte d'opprobre jeté sur la sexualité humaine. Cela n'a rien à voir. La virginité de Marie n'est pas une question de sexualité. C'est le mystère de la foi qui dit que Jésus est le Verbe de Dieu fait homme. Vrai Dieu et vrai homme, Jésus marche sur les eaux par exemple, sa divinité affleure sans cesse sous les voiles de son humanité. De la même manière, on peut très bien concevoir que les circonstances de sa naissance, qui est une vraie naissance, ne soient pas tout à fait semblables aux naissances ordinaires.

La virginité a toujours été une valeur promue dans l'Église, contrairement au milieu juif de l'époque de Jésus où l'on considérait qu'un homme et une femme devaient se marier et avoir des enfants. Le premier précepte de Dieu, donné à Adam et Eve, c'est : « fructifiez, multipliez-vous ». C'est le premier mot que Dieu adresse à l'homme dans la Genèse. Et cela éclaire ces mots du Je vous salue Marie, Jésus, « fruit de vos entrailles ». Marie a porté le « fruit béni de ses entrailles », et ce fruit béni, c'est notre Salut.

Marie est tout de même un modèle pour toutes les vierges. Saint Ambroise a écrit de très beaux traités sur la virginité, où il donne Marie en exemple. Mais la virginité de Marie n'est pas seulement physiologique, c'est avant tout la virginité de sa foi, la pureté de sa foi qu'aucun doute n'altère. Dire que Marie est vierge, cela veut dire qu'elle est totalement chaste : en paroles, en pensées, en actions, chaste dans tout ce qu'elle était. C'est cette chasteté qui est exaltée dans la Vierge Marie.

C'est fascinant, avec ce petit côté « *tremendum* » du sacré, qui « fait frissonner ». Quand on s'approche de Marie, on s'approche de Dieu qu'elle a porté dans son sein.

Elle est l'arche d'Alliance, et comme autrefois quand on avait l'audace de toucher l'arche d'Alliance, on mourait, chaque fois qu'on approche de Marie, on est attiré, fasciné, ébloui par tant de sainteté, et en même temps on est atterré, apeuré, on a un réflexe de mise à distance. Éloigne-toi de moi Marie, car tu es la toute pure, et moi je suis un pécheur.

En même temps, elle apparaît avec beaucoup de simplicité à de petits enfants. Elle vivait de foi comme nous, elle nous est tout à fait proche. Elle est une mère pleine d'affection, de proximité, de tendresse. C'est le mystère de la foi chrétienne : tenir ensemble des choses qui peuvent paraître contradictoires.

Je pense que Marie ne doute pas. Elle a pu avoir, comme Jésus, des tentations de doute, ce qui n'est pas la même chose. Jésus a été tenté, Marie a été tentée. Mais tous deux ont su résister à la tentation. Je pense qu'aucun doute n'altère la foi de Marie. Et nous aussi, quand nous sommes tentés par le doute, nous devons le repousser de toutes nos forces. C'est ce que nous demandons dans le Notre Père, quand nous lui demandons de nous donner la force de résister à la tentation. Celle du doute et toutes les autres tentations.

Je pense que Marie est proche parce qu'elle est infiniment pure. Ce qui nous sépare les uns des autres, c'est le péché. Si nous étions totalement sans péché, nous nous étreindrions mutuellement dans un amour sans aspérité. Marie étant sans péché, son amour est totalement pur, et elle nous est proche. On a souvent tendance à dire que pécher, c'est humain. Mais le péché, c'est précisément ce qui nous rend inhumains. Moins on pèche, plus on est humain. C'est pourquoi on peut dire de Jésus seulement : « Voici l'homme ». Lui seul est sans péché, lui seul est pleinement humain. De même Marie est la femme par excellence, parce qu'elle est sans péché.

III

ÉGLISE

Pourquoi le célibat des prêtres ?

Jean Mercier, journaliste, auteur de *Célibat des prêtres, la discipline de l'Église doit-elle changer* ? (Desclée de Brouwer)

Le célibat sacerdotal a son origine dans la figure du Christ célibataire, un itinérant qui emmène avec lui des disciples consacrés à cette itinérance, eux aussi devenus célibataires. Même si Pierre était marié, on ne voit pas que sa femme l'a accompagné à la suite du Christ. L'apôtre Paul est aussi une figure de célibataire missionnaire. Puis l'Église « s'installe » et elle ordonne, à côté d'hommes célibataires, des hommes mariés au diaconat, à la prêtrise et à l'épiscopat. Mais elle leur impose de s'abstenir de relations conjugales avec leur femme. Si la première trace écrite de cette demande remonte au tout début du IVe siècle, la règle a été imposée dès les origines. Elle reflète l'idée que le prêtre, marié ou pas, est totalement voué à la fonction de l'intercession lors de la messe, et que les relations conjugales sont incompatibles avec sa consécration totale pour l'Église.

Les prêtres mariés et leur femme devaient donc se « convertir » à la continence. On a de nombreuses traces des difficultés que cela signifiait. L'Église, ne voulant pas rompre le lien conjugal, demandait aux couples de vivre en proximité, mais sans partager le lit, et c'était souvent difficile. Parfois des enfants naissaient après l'ordination : le prêtre était alors démis de ses fonctions, et la femme était bannie. Au fil des siècles, c'est devenu ingérable. Parallèlement, les pouvoirs religieux et temporel étaient tellement intriqués que l'Église ordonnait des hommes mariés simplement parce qu'ils étaient riches et puissants. Au XIe siècle, la réforme « grégorienne » — voulue par le pape Grégoire VII comme les papes qui l'ont précédé et suivi — a séparé le temporel du spirituel, notamment en imposant le célibat, qui est devenu une discipline de l'Église, et une sorte de quasi dogme.

Ce modèle de prêtre sera ébranlé par la première grande crise de l'Église d'Occident, la Réforme. Contre les réformateurs qui considèrent que le célibat est une règle contre-nature, l'Église catholique réaffirmera, à l'occasion du concile de Trente, la nécessité du célibat sacerdotal. Si l'on excepte la parenthèse de la Révolution française, qui a encouragé les prêtres à se marier (voire les y a forcés !), le célibat n'est pas contesté dans l'Église pendant les quatre siècles qui suivent le Concile de Trente. Tout change à la faveur de la révolution sociale qui, à partir du milieu des années 1960, bouleverse tous les comportements, notamment en matière de sexualité. Les cadres théologiques et anthropologiques du catholicisme sont aussi profondément déstabilisés par la domination des sciences humaines, notamment la psychanalyse. Paul VI, jugeant le sujet du célibat sacerdotal trop clivant, empêchera qu'il soit discuté lors du Concile Vatican II, dont les textes rappelleront pourtant la valeur et l'importance. Son pontificat sera marqué par le départ de dizaines de milliers de prêtres, dont la plupart se marient. À la suite de cette hémorragie, Jean-Paul II consacrera ses forces à proclamer le caractère sacré du sacerdoce, dont le célibat est pour lui l'un des éléments clés.

Dans l'Orient chrétien, les choses se sont passées différemment. À la fin du VIIe siècle, les Églises orientales ont considéré que les prêtres — mais pas les évêques — pouvaient avoir des relations sexuelles avec leur femme. C'est ce qui explique qu'aujourd'hui, on y trouve des prêtres mariés, mais seulement des évêques célibataires. Là bas, on peut donc ordonner prêtres des hommes mariés. Mais une fois ordonnés, ils ne peuvent plus changer d'état. De même, un prêtre qui a été ordonné célibataire ne peut pas se marier. Cette règle se retrouve dans les Église catholiques orientales comme l'Église maronite, l'Église chaldéenne…

Dans mon livre, j'ai tenté une étude de faisabilité de l'ordination d'hommes mariés. Je suis allé interroger des prêtres mariés de l'Église catholique latine, notamment en Angleterre, à la rencontre d'anciens prêtres anglicans ordonnés prêtres catholiques. Certes, tout le monde dit du bien d'eux. Mais il y a le problème financier. Un prêtre marié n'a pas les moyens de faire vivre sa famille, c'est son épouse qui fait bouillir la marmite. Cela génère une contrainte importante pour sa mobilité. Si vous voulez le changer de poste, il faut que sa femme puisse aussi changer de job. L'un des prêtres anglais mariés que j'ai rencontrés m'a dit : « Ma prochaine nomination dans le diocèse devra être décidée par mon évêque et par ma femme, parce que c'est elle qui gagne l'argent du ménage. Et j'obéirai à ce qu'ils auront décidé ». C'était dit sur le mode de l'humour, mais c'est vrai.

Contre l'obligation du célibat, on entend souvent dire qu'elle écarte de la vocation sacerdotale de jeunes hommes qui ont le désir d'être prêtres mais n'entrent pas au séminaire en se disant qu'ils ne pourront pas tenir dans le célibat. Cet argument cache peut-être d'autres difficultés bien réelles, comme l'obéissance à l'évêque. Je connais un certain nombre de prêtres pour qui cette obéissance est beaucoup plus contraignante que le célibat. Et puis en France il y a d'autres métiers où la « crise des vocations » est totale comme les enseignants, qui, pourtant, peuvent se marier !

Certains pensent que le célibat n'est qu'une discipline, qu'on peut abroger sans conséquence. Mais, selon moi, cette tradition très ancienne est l'un des piliers de l'Église catholique. Elle a inspiré et façonné notre spiritualité commune d'une façon considérable, notamment dans la façon de vivre la consécration au Royaume de Dieu, dans la radicalité du don de soi et de l'imitation du Christ. Y mettre un terme aurait des conséquences incalculables, et changerait forcément la réalité que représente le prêtre.

Pourquoi les femmes ne peuvent-elles pas être ordonnées prêtres ?

P. Sylvain Gasser, assomptionniste, auteur de *100 raisons de vivre en chrétien* (Bayard)

Dans les sociétés occidentales, les femmes tiennent de plus en plus des postes de travail et de responsabilité, longtemps dévolus aux seuls hommes. On peut s'étonner à juste titre de la place discrète qu'elles occupent dans l'Église. Certains considèrent même comme choquante l'interdiction qui leur est faite d'accéder aux ministères ordonnés : il n'y a ni femmes diaconesses ni femmes prêtres.

Au début de son pontificat, le pape François avait rendu hommage aux femmes qui « *ont un rôle particulier* » pour

« *ouvrir les portes au Seigneur* ». À défaut de leur voir grand ouvertes celles de l'Église, ont raillé certains ! Beaucoup ressentent un décalage, une minorisation, voire une discrimination : les femmes seraient condamnées au paradoxe d'une pratique religieuse essentiellement féminine et d'un pouvoir religieux exclusivement masculin. En d'autres termes, l'Église ne se déclinerait qu'au masculin pluriel.

Un rapide parcours historique montre qu'un tel paradoxe n'a pas toujours été de mise. L'Église primitive connaissait des femmes prophètes, missionnaires ou diaconesses. Mais on ne peut souscrire à une lecture unilatérale, dans un sens ou dans l'autre, de l'Écriture et de l'histoire de l'Église. Je suis d'accord avec le père Joseph Moingt qui invite à « *relire les évangiles au féminin pluriel.* Il montre que Jésus invitait son Église « *à tirer ressource des femmes pour continuer son œuvre, à ne pas craindre de charger du ministère de l'Évangile quiconque, homme ou femme, a assez de foi en lui pour s'offrir à cette charge* ».

De fait, cela ne s'est pas passé ainsi. L'enseignement des papes insiste sur la « nature » de la femme, dont la vocation est d'être mère. Et pour certains croyants, il serait même mieux qu'elle soit vierge consacrée ! Pourquoi la femme reste-t-elle toujours déterminée à partir de son identité sexuelle alors que cet aspect n'intervient jamais dans le discours sur l'homme ? Celui-ci n'est jamais défini d'abord comme époux, vierge ou père, selon la prédisposition de ses organes. Les femmes refusent à bon droit d'entrer dans le corset d'une tradition sexiste qui inscrit dans la nature ce qui n'est inscrit que dans la culture. Elles seraient donc aptes au service personnalisé mais pas au ministère global. Elles pourraient transmettre, mais non pas avoir l'initiative.

La question de la place des femmes dans l'Église, différente de celle de leur ordination presbytérale motivée par la tradition et les coutumes religieuses des temps bibliques, oblige à dénoncer une théologie qui conjugue subordination dans l'ordre de la création et équivalence dans l'ordre de la grâce. Elle oblige à travailler à une théologie inclusive de la totalité de l'expérience humaine, mais aussi à s'interroger sur la place des hommes que l'on questionne trop peu. La piste la plus féconde est celle du partenariat en évitant le piège de la spécificité ou de la complémentarité qui sont souvent une façon d'inférioriser la femme.

Au IVe siècle, Grégoire de Nazianze confessait : « *Un même créateur pour l'homme et la femme, pour tous deux la même argile, la même image, la même loi, la même mort et la même résurrection.* » Dix-sept siècles plus tard, je crois qu'il est grand temps de désacraliser la supériorité du mâle, de dépasser les catégories du masculin et du féminin pour Dieu, d'oser la réciprocité dans la différence. Sans les femmes, l'Église n'y parviendra pas.

Pourquoi l'Église propose-t-elle régulièrement un jubilé ?

**Hans Ausloos, docteur en théologie,
professeur à l'Université catholique de Louvain
et auteur de *La Bible et la vie* (Lessius)**

« Jubilée » un mot de l'Ancien Testament, *yobel*, que l'on trouve dans le Lévitique au chapitre 25. Le Lévitique est un des trois livres législatifs de l'Ancien Testament, assez difficile à lire, plein de prescriptions rituelles et liturgiques. Au chapitre 25, il y est demandé que tous les cinquante ans ait lieu un jubilé, pendant lequel les esclaves sont libérés et les dettes remises. C'est une année de libération. L'Église a repris cette notion de jubilé dès le XIVe siècle.

D'autres textes de l'Ancien Testament parlent de l'année sabbatique, qui intervient tous les sept ans, et pendant laquelle aussi on libère les esclaves et on remet les dettes. L'auteur du Lévitique a changé cette prescription en rallongeant la périodicité de cette libération. Mais il a introduit l'interdiction de l'usure : il est interdit de percevoir un intérêt sur l'argent prêté. Bien sûr, l'emprunteur doit payer ses dettes, mais s'il n'a pas d'intérêt à payer, il ne devrait pas être appauvri par sa dette. S'il ne peut pas la rembourser, sa famille doit le faire pour lui. Et, en tout dernier ressort, si la famille ne peut pas rembourser, au bout de cinquante ans, l'année jubilaire annule la dette. L'idée centrale de l'auteur du Lévitique est d'éradiquer la pauvreté.

Ces lois sont d'ordre social et économiques, avec, bien sûr, une inspiration religieuse. Elles sont inscrites dans l'Ancien Testament parce que ces lois sont présentées comme voulu par Dieu.

L'Église, en reprenant l'usage du jubilé à partir du XIVe siècle lui a donné un sens spirituel, avec la notion d'indulgence, qui a joué et continue à jouer un rôle important, moins concret que le jubilé de l'Ancien Testament.

Pour l'Église, l'indulgence est une libération des péchés, néanmoins, pour l'année jubilaire de 2002, le pape Jean Paul II a insisté sur l'aspect socio-économique du jubilé.

Il a lutté pour que les pays les plus pauvres soient libérés de leurs dettes. La préoccupation économique et sociale de l'Ancien Testament réapparaît de plus en plus dans l'Église.

La miséricorde, thème de l'année jubilaire voulu par le pape François, a aussi un sens concret. Les œuvres concrètes de la miséricorde, visiter les malades, nourrir les affamés, relèvent, pour l'Ancien Testament, d'un équilibre entre le bien personnel et le bien commun. Ce qu'il faut éviter, c'est une société composée d'une majorité de pauvres et d'une minorité de riches qui ont le pouvoir et l'argent. Si l'on parle dans l'Église d'un jubilé de miséricorde, il faut aussi tenir compte de cet aspect.

Alors que l'Ancien Testament préconisait un jubilé tous les cinquante ans, l'Église, en introduisant des jubilés extraordinaires, en propose plus souvent. Dès le XIVe siècle, on s'est demandé à quelle fréquence les proclamer : cinquante ans ? vingt-cinq ans ? Si l'on revient à l'Ancien Testament, la cinquantième année du jubilé est une forme spéciale de l'année sabbatique qui revient tous les sept ans.

La terminologie « année sabbatique » qu'on utilise encore aujourd'hui n'a plus de sens religieux. Néanmoins, ce terme est emprunté de la Bible. Il vient du livre de l'Exode, puis du Deutéronome, qui ont été récupérés et réinterprétés par le Lévitique. L'organisation de la semaine est construite, de la même manière, sur le chiffre 7 : six jour de travail, puis repos le septième jour. Et pendant six ans, on peut utiliser comme esclave celui qui ne peut pas payer ses dettes, comme cela se faisait dans l'Antiquité au Proche-Orient, mais la septième année, il faut le libérer. Dans le livre de l'Exode, cela ne concerne que les esclaves hommes. Le Deutéronome étend la libération aux femmes.

Si, aujourd'hui, une année sabbatique consiste à ne plus travailler, ou à faire autre chose que son travail habituel, dans l'Ancien Testament, c'était déjà le cas : six années pour le travail, une septième pour la libération.

Il est de plus en plus difficile de le dire aujourd'hui, mais notre société a ses racines dans l'Ancien Testament, qui a été écrit en hébreu, mais qui a été traduit et qui a eu une très grande influence sur le monde grec. La pratique de l'année jubilaire dans l'Église a une origine très ancienne puisqu'on admet que les textes législatifs de l'Ancien Testament remontent au VIe siècle avant Jésus-Christ.

Le dialogue interreligieux est-il un dialogue de sourds ?

**Fr. Emmanuel Pisani, dominicain,
maître de conférences à l'Institut catholique de Paris**

Le dialogue interreligieux n'est pas pour le chrétiens une option. Il est connaturel à la foi chrétienne. Certes, il n'est pas aisé et les difficultés rencontrées sont d'abord personnelles : dans le dialogue interreligieux, on prend conscience de sa fragilité et de ses défaillances personnelles, de la nécessité d'approfondir sa foi, de l'exprimer en paroles et en actions dans un langage adéquat et audible, de témoigner de son espérance. Mais il est une exigence nécessaire pour le chrétien. Ce dialogue ne saurait être un dialogue de sourds car il s'agit de s'efforcer de rentrer en relation avec l'autre, d'entrer dans la vision de l'autre sur le monde et sur Dieu, de l'écouter pour le comprendre de l'intérieur, « par le dedans » ; cette approche dialogale est le signe visible de l'amour fraternel et du respect de la dignité de l'autre. Dans le dialogue interreligieux, il se joue donc pour le chrétien l'expression de sa conviction que la bonté de Dieu embrasse tout homme et que l'autre est inclus dans le mystère de la Pâque du Christ.

Pour qu'il y ait dialogue interreligieux, il faut donc que l'autre soit pleinement écouté et il faut suspendre son interprétation, sa traduction de ce qu'il dit pour accepter de se laisser bousculer par sa rationalité. Sans cette écoute authentique, la conversation n'est plus qu'une succession de deux discours, de deux monologues. Mais il faut reconnaitre que c'est bien souvent le cas dans les grandes conférences internationales dites « interreligieuses ». Souvent, nous avons tendance à ramener ce que dit l'autre de sa foi ou de ses pratiques à ce que nous connaissons déjà. Parfois, nous nous réapproprions ce que l'autre a dit et nous montrons que notre foi va encore plus loin, et que par conséquent, elle est plus parfaite, plus profonde. Dans ce type de « dialogues », nous manifestons en réalité notre difficulté voire notre incapacité à nous laisser surprendre par la singularité de la foi de l'autre et nous trahissons notre désir de vouloir le ramener à nous. C'est ce même désir que l'on trouve chez le chrétien, le musulman, le juif, l'hindou… dès lors qu'il ramène l'autre à son univers religieux. C'est tentant, et les uns et les autres, nous succombons à cette facilité sans doute parce que la foi de l'autre nous déstabilise. Ramener l'autre à soi rassure. Mais cette démarche n'est pas dialogue et elle témoigne au contraire de notre limite à vraiment respecter l'autre. Or, l'un des enjeux du dialogue interreligieux est précisément de pouvoir attester de ce respect. En effet, même si l'on s'en défend, il n'y a pas de respect d'autrui sans aller jusqu'au respect du dessein de Dieu sur lui, dessein que nous devons avoir l'humilité de ne pas connaître. Et sur ce point, n'allons pas croire que cette perspective théologique soit propre au christianisme ! Bien avant la théologie chrétienne des religions, au onzième siècle de notre ère, un auteur musulman Abû Hâmid al-Ghâzâlî[1] en affirmant l'infinie « miséricorde » de Dieu envisageait la possibilité du salut pour le non musulman. Plus encore, il élaborait une théorie du dialogue interreligieux qu'il concevait au-delà d'une dimension apologétique.

1. Abû Hâmid al-Ghâzâlî est un grand mystique soufi du XIe siècle, d'origine persane, dont l'œuvre considérable a eu une grande influence, jusque sur des penseurs chrétiens comme Thomas d'Aquin, David Hume, Blaise Pascal, ou juifs comme Maïmonide (*NDLR*).

Quand nous parlons de dialogue, nous imaginons souvent les dialogues philosophiques de Socrate avec ses interlocuteurs. Mais le dialogue interreligieux est d'une autre nature. Il ne s'agit pas de convaincre l'autre et d'avoir raison de lui. Adopter une telle perspective ne peut que conduire à de nouvelles crispations. Il s'agit de l'écouter pour le connaître et donc pour l'aimer, car comment pouvons-nous aimer celui que nous ne connaissons pas ?

Dans le dialogue, l'écoute de l'autre conduit à la rencontre de deux pensées, de deux paroles, de deux théologies. Il ne s'agit pas de sacrifier notre soif de vérité ; au contraire, chacun doit se situer par rapport à la vérité, et dire ce qu'est la vérité pour lui et comment il réalise la volonté de Dieu. Souvent, dans le dialogue interreligieux, nous cachons nos difficultés, nous voulons nous montrer sous le meilleur jour, alors même que c'est peut-être en reconnaissant nos faiblesses, nos inaptitudes, nos peurs, nos efforts incertains à être fidèles à ce que Dieu attend de nous que nous pouvons nous reconnaître ensemble comme des hommes et des femmes qui, au-delà de nos différences, partageons avec espérance et confiance un chemin exigeant et difficile.

IV

VIE MORALE

Dieu a-t-il une influence sur le monde ?

Christine Pedotti, rédactrice en chef de *Témoignage chrétien*

Quand on se demande si Dieu agit dans la vie de chacun et dans le monde on se trouve confronté à la question du mal. Un jour, mon neveu de 6 ans me demande : « Selon toi, Dieu a créé le monde ? »

— Oui, on peut dire les choses ainsi.

— Donc il a créé les dinosaures ?

— Oui, il me semble.

— Il ne les aimait pas, les dinosaures ? »

Si Dieu intervient, il intervient en bien, mais alors pourquoi n'intervient-il pas pour empêcher le mal ? Il aurait pu sauver les dinosaures, ou sauver des enfants atteints de leucémie, empêcher des génocides... C'est une question centrale. Dieu nous a-t-il réellement laissé le monde dans les mains ? Je crois que oui. Comme le dit saint Paul, la Création gémit dans les douleurs de l'enfantement, elle n'est pas achevée. Au début de la Genèse, Dieu dit que son œuvre est terminée, mais peut-être ne l'est-elle pas totalement.

C'est à nous de l'achever, avec nos faibles forces. Je crois que Dieu agit, mais pas sans nos mains. Il agit avec nos bras, notre cœur, notre intelligence. Nous sommes les ouvriers de Dieu sur la terre pour achever la Création. Cette idée nous paraît si extraordinaire que nous n'osons pas le croire. Car cela signifie que Dieu nous prend vraiment au sérieux et qu'il prend au sérieux l'acte de création. C'est une idée précieuse qui nous donne une très grande responsabilité. Cela nous demande d'être à l'écoute de ce que Dieu veut pour le monde, car c'est avec nos mains que nous allons l'exécuter.

Dieu a créé le monde, il nous en a laissé la responsabilité et il n'agit qu'à travers nous. Et à travers nous, il fait des miracles, quand des hommes sont capables de préférer la vie d'autrui à la leur, et nous en avons mille exemples avec les saints du christianisme, ou hors du christianisme.

Il y a en l'homme cette capacité d'aimer au point de se donner totalement, qui vient de Dieu. C'est à travers cette incroyable capacité de l'homme que Dieu conduit sa création jusqu'à son achèvement, c'est-à-dire jusqu'à lui.

Nous ne sommes pas tout seuls. Dans l'Évangile, Jésus dit : « Je vous enverrai un défenseur », c'est-à-dire l'Esprit saint. Contre quoi nous défend-il ? Contre la plus grande des tentations qui est le laisser-faire, le laisser-aller. Le monde est entre nos mains et l'Esprit saint est là pour que vive en nous l'appel que Dieu fait résonner. Il est le relais en nous de l'appel de Dieu à faire le bien, à achever la Création.

Il est plus confortable de croire que Dieu nous manipule, mais non, le monde est entre nos mains. C'est une lourde responsabilité, et nous avons à compter sur la miséricorde de Dieu car nous ne sommes jamais sûrs d'être de bons ouvriers.

C'est la question de la liberté humaine qui est en jeu. Si notre liberté est réelle, Dieu doit nous laisser faire. Tous les parents savent ce que veut dire laisser faire un enfant. Dieu donne une réelle liberté, mais il est aussi éducateur : nous avons la Bible, les commandements, Jésus qui nous a montré ce qu'est une vie humaine achevée… Nous ne sommes pas désarmés, ni abandonnés. Mais les choses ne se feront pas si nous ne les faisons pas.

Dieu ne se mêle pas de nos affaires au sens où il n'est pas interventionniste. Il ne change pas les règles de la vie physique ou biologique, sauf peut-être dans le cas de certains miracles. Mais ordinairement, Dieu n'intervient pas dans l'histoire de l'humanité.

Il n'arrêtera pas les guerres. Sauf si des hommes et des femmes décident de se tendre la main. L'esprit d'entente et de justice ne peut régner par une opération magique, mais parce que des personnes renoncent à leurs droits pour obtenir la paix. C'est ce que nous dit l'Évangile, et ce n'est pas confortable.

Si nous voulons achever la Création, il nous faut suivre Jésus, et on sait où cela mène. C'est une affaire sérieuse que d'être chrétien. Cela peut tourner mal ! L'Évangile se porte à même la peau, et l'on y risque effectivement sa peau.

Je ne sais pas si Dieu aimait les dinosaures, mais je sais qu'il aime l'humanité et qu'il l'appelle. Cette aventure a une destinée, une destination, certaine. Nous allons, chacun de son côté et l'humanité tout entière, chez Dieu.

Au sujet de la Création achevée, le prophète Isaïe nous parle de festins abondants, du loup vivant en paix avec l'agneau, de l'enfant posant la main sur le trou du serpent. Il présente une création réconciliée, une humanité qui vit dans le bonheur. Ce sont des images qui s'appuient sur notre expérience du bonheur et de la paix dans nos vies ordinaires, et elles me donnent envie de prendre le chemin de cette Création achevée.

Que veut dire « mariage indissoluble » ?

P. Philippe Marsset, curé de la paroisse Notre-Dame de Clignancourt à Paris

L'indissolubilité est l'un des quatre piliers du mariage. C'est un mot dont la durée peut faire peur ! Je distinguerais « indissolubilité » et « indestructibilité » du mariage. Ce n'est pas la même chose. Quand un homme et une femme se donnent l'un à l'autre pour toujours dans le mariage, ils créent entre eux et avec d'autres personnes des réalités indissolubles. Par exemple, les parents de la jeune femme deviennent les beaux-parents du jeune homme : c'est indissoluble, ils ne peuvent pas le renier. Mais c'est destructible si le mariage se détruit. L'histoire affective, sentimentale, sexuelle de ce couple est indélébile, indissoluble, même si cette histoire est détruite par une autre union. L'enfant est la première réalité indissoluble. C'est parce que cette réalité humaine vécue dans l'histoire d'un couple est indissoluble que l'Église propose, comme un deuxième étage, une réalité sacramentelle indissoluble : Dieu vient protéger et sanctifier en l'homme ce qui est fragile : sa capacité à durer… Cette indissolubilité de l'humain qui se crée au moment du mariage est comme « lovée » en Dieu. Lovée, comme « aimée », lovée comme « bercée ». L'indissolubilité sacramentelle vient sanctifier l'indissolubilité humaine.

Cela veut dire que même quand un mariage est détruit, il n'est pas pour autant dissout, parce qu'il en reste toujours quelque chose. Un divorce est la destruction d'une réalité indissoluble.

L'indissolubilité est un des piliers du mariage car le mariage n'implique pas une obligation de résultat, mais une obligation de moyens. Les fiancés auront le résultat des moyens qu'ils se donneront pour que l'amour dure. L'indissolubilité n'est pas donnée par la magie du sacrement, c'est quelque chose qu'il faut désirer et entretenir. Les produits d'entretien de l'indissolubilité sont la capacité de se remettre en cause, de s'accepter dans la diversité et le vieillissement de son couple, dans le respect de l'intégrité du corps et de la liberté de l'autre, dans le dialogue qui ouvre au changement de vie.

Certains chrétiens se demandent pourquoi le mariage est indissoluble et non le sacrement de l'ordre. On est prêtre « in eternum » (pour toujours), mais c'est différent. Car c'est l'Église, et non Jésus, qui m'a invité au célibat consacré. Ce que l'Église fait, elle peut le défaire. Cependant, le prêtre qui abandonne la prêtrise reste prêtre dans le cœur de Dieu, et peut même donner les derniers sacrements en cas d'urgence.

Un mariage religieux n'est pas seulement l'engagement d'un homme et d'une femme l'un vis-à-vis de l'autre devant Dieu, c'est aussi l'engagement du Christ dans ce couple. Le divin vient descendre dans le cœur humain pour rendre fiable ce qui est friable !

L'indissolubilité est un moyen que l'on se donne pour durer ensemble. Les fruits en sont la capacité à se réconcilier, la paix intérieure, le fait de savoir que l'autre s'est engagé vis-à-vis de moi de manière inconditionnelle, ce qui peut m'aider quand je ne vais pas bien… S'engager provisoirement dans un pacs ou définitivement dans un mariage, ce n'est pas la même chose. Dans le sacrement, Dieu s'engage vis-à-vis de l'homme. C'est ce qu'il faut découvrir dans la préparation au mariage : le sacrement n'est pas une assomption du sentiment amoureux qui va être « éternisé », c'est un don supplémentaire qui vient transformer ce sentiment pour laisser Jésus-Christ l'habiller. Ensuite, le couple doit se donner les moyens de durer.

Une fois marié, l'homme ne peut pas séparer ce que Dieu a uni. Quand Dieu donne, il ne le reprend pas (sauf s'il y eu des irrégularités au moment du consentement). C'est pourquoi il faut une certaine maturité spirituelle pour se marier. L'amour est quelque chose qu'il faut apprendre à renouveler et à entretenir. Découvrir que Dieu est Amour aide à aimer, découvrir que Dieu est Pardon aide à pardonner, découvrir que Dieu est grand, nous rend plus modestes. Voilà des moyens pour vivre l'indissolubilité.

J'écoute toujours les personnes qui ont divorcé et qui envisagent une nouvelle union. Les circonstances et les histoires sont toutes différentes. À tous je demande ce qu'ils ont vécu dans leur union et pourquoi selon eux, elle s'est brisée, ce qu'ils comptent faire pour qu'une deuxième union n'aboutisse pas au même résultat, quelle attitude ils ont adopté vis-à-vis de leur premier engagement (conjoint, enfants). Je leur parle aussi de la question de la nullité possible de leur mariage qui n'est pas une négation de ce qu'ils ont vécu, mais du caractère sacramentel de leur mariage si une dimension psychologique ou spirituelle en avait été absente. Et je leur demande enfin : si la nullité ne pouvait pas être prononcée, que construire qui soit juste, au regard du passé et aussi pour vos enfants, qui arriveront dans la nouvelle union que vous contracterez.

Qu'est-ce que la miséricorde ?

**P. Marc Fassier, délégué diocésain
à la formation du diocèse de Saint-Denis**

Quand on ouvre le Robert, on remarque que le premier sens du mot « miséricorde » est précédé du terme « vieilli ». On nous dit ensuite que le miséricordieux est celui qui a le cœur sensible au malheur d'autrui, mais rien de plus précis. Le pape François a voulu dédier l'année 2016 à la miséricorde divine et cela a été l'occasion de redécouvrir toute la jeunesse de ce terme. Mais nous ne pourrons la retrouver que si nous retrouvons son origine, qui est la jeunesse même de Dieu.

La miséricorde, c'est d'abord un mot qui traduit deux termes bibliques : le premier est *rahamim*, qui veut dire « les entrailles ». La miséricorde est d'abord une caractéristique de Dieu lui-même, qui est « pris aux entrailles » pour sa création. On pourrait comparer cela avec l'amour d'une mère prise aux entrailles par l'amour qu'elle porte à son enfant.

Le terme d'amour est un peu galvaudé. Le terme de miséricorde est plus précis, plus concret, c'est un amour instinctif de Dieu, qui ne cesse d'aimer l'homme d'un amour maternel. Le livre d'Osée donne de nombreux exemples de cette tendresse de Dieu pour son peuple.

Dans miséricorde, on entend aussi les mots « misère » et « cœur ». Quand Dieu se révèle à Moïse, il lui révèle son identité, puis il lui dit : « J'ai vu la misère de mon peuple » (Ex 3, 7). C'est une caractéristique de Dieu que d'être touché par la misère de son peuple en esclavage. Ensuite, le deuxième terme biblique que le mot miséricorde traduit, c'est *resed*, qui signifie un amour fidèle, presque contractuel. Ce n'est pas l'amour d'un instant, c'est un amour voulu, choisi, décidé par Dieu, et fidèle malgré tous les errements et les égarements que peut vivre son peuple.

On pense très souvent qu'être miséricordieux, c'est pardonner. C'est vrai, mais insuffisant. Nous connaissons tous le tableau du fils prodigue peint par Rembrandt.

Le père pose ses deux mains sur les épaules de son fils, et l'une de ses mains est paternelle, tandis que l'autre est maternelle. L'une se pose fermement, l'autre caresse. La miséricorde, c'est tout à la fois la fermeté du père qui conseille, qui avertit, et la tendresse de la mère qui exprime un amour fidèle. Dieu est exigeant, il demande à son peuple de demeurer dans son Alliance, mais en même temps, son amour est toujours là, quoi qu'il arrive.

Le pape François écrit que « le Christ est le visage de la miséricorde du Père ». Dans le Christ, tout personnifie la miséricorde de Dieu : sa personne, sa vie jusque sur la croix quand il dit « Père, pardonne-leur, ils ne savent pas ce qu'ils font ». Nous avons en Jésus l'image parfaite de la miséricorde.

Pour vivre la miséricorde, nous devons chercher à nous écarter des fausses images de Dieu que nous avons construites. Le Dieu de la miséricorde n'est ni un Dieu punisseur ni un Dieu permissif. Quand nous disons « Je crois en Dieu le Père tout-puissant », nous parlons d'un Dieu père qui nous poursuit de cet amour fidèle. Ensuite, il s'agit d'imiter cette miséricorde du Père et d'être à notre tour miséricordieux.

« Soyez miséricordieux comme votre Père est miséricordieux ». Cet appel se situe à la suite des Béatitudes dans l'Évangile de Luc. Être miséricordieux, c'est entrer dans le mystère de Dieu qui est miséricordieux, en nous démarquant de nos fausses images de Dieu, en le contemplant, pour pouvoir en vivre.

Le pape François nous a rappelé deux types d'œuvres de miséricorde : les œuvres corporelles et les œuvres spirituelles. Nourrir, abreuver, vêtir, loger, soigner, sont les œuvres corporelles de la miséricorde. Conseiller ceux qui sont dans le doute, enseigner les ignorants, avertir les pécheurs, consoler les affligés, pardonner les offenses, supporter patiemment les personnes ennuyeuses, voilà les œuvres spirituelles de la miséricorde. Elle a donc un champ d'action très étendu et le pape nous dit que c'est un chemin d'évangélisation. On parle depuis longtemps de la nouvelle évangélisation. Il ne s'agit pas de trouver de nouvelles recettes pour cela, mais de manifester la jeunesse de Dieu et sa tendresse pour ce monde tenté par la violence et la haine.

L'Église elle-même a besoin de s'ouvrir à la miséricorde divine. C'est même la raison d'être de l'Église que de manifester le visage de la miséricorde de Dieu. Nous les prêtres, accueillons-nous celui qui veut se tourner ou se retourner vers Dieu avec miséricorde, comme un père accueille son fils qui revient, avec à la fois une exigence, un appel à la responsabilité, et une tendresse maternelle ? Le pape a demandé qu'il y ait des missionnaires de la miséricorde dans les diocèses, pour encourager tous les fidèles, là où ils sont, à être des missionnaires à leur tour, en manifestant la proximité de l'amour de Dieu pour toute l'humanité. Si notre visage reflète la miséricorde de Dieu, alors nous en sommes les témoins.

Qu'est-ce que la morale chrétienne ?

Alain Thomasset, jésuite,
théologien moraliste, enseignant au Centre Sèvres

Le mot « morale » n'est pas bien vu. Dans les enseignements, lorsqu'on interroge les auditeurs pour savoir ce qu'ils ont en tête quand ils entendent ce mot, ils répondent : « interdit », « loi »... Mais ne viennent jamais les mots importants : le bonheur ou la joie.

En effet, la morale, est d'abord faite pour être heureux. Saint Augustin, dans les *Mœurs chrétiennes*, commence en disant : « Personne ne me contredira si je dis que tout homme cherche à être heureux ». La morale est au service du bonheur de l'homme. Le Dieu d'Israël promet, à qui observe la loi, bonheur et de longs jours sur la terre promise (cf. Dt 11,9). Dans le Sermon sur la montagne, Jésus énonce d'abord les béatitudes et la promesse d'entrer dans le Royaume (cf. Mt 5,3-10).

Souvent nous ne voyons que la face négative, le visage sévère de la morale — les interdits, les obligations, la loi — mais elle est au service du versant positif : vivre une vie bonne. Or on ne peut pas vivre une vie heureuse tout seul. Nous avons besoin des autres et d'une ambiance qui permette à chacun de s'épanouir.

Prenons l'exemple des interdits que l'on pose dès l'enfance : interdits de l'inceste, du mensonge, du meurtre, ils permettent à l'enfant d'entrer dans la relation humaine. Le rôle de la loi consiste à mettre une distance entre le petit enfant et sa mère (qu'il dévore littéralement), et lui permettre d'entrer dans des relations humaines authentiques. Pour communiquer en vérité, pour parler, il faut de la distance. Autre exemple : dans les camps scouts « plein vent », avec des jeunes qui ne savent pas toujours très bien ce qu'est le vivre-ensemble, on commence souvent par écrire une « charte », en leur demandant : Qu'est-ce que vous voulez vivre ensemble ? Ils répondent souvent : l'amitié, la découverte, se faire de nouveaux copains… Ensuite on leur demande : Comment faire ? Et on écrit alors le « règlement intérieur » : ne pas piquer pas les affaires des copains, ne pas réveiller les autres quand ils dorment, être présent et à l'heure aux activités… Quand ils ont fait cela, ils comprennent le sens de ces règles.

Pour en revenir à la morale chrétienne, à la suite de Paul Ricœur il est bon de distinguer l'éthique et la morale. L'« éthique », c'est le désir de bien vivre, avec et pour les autres, dans des institutions justes. Ce désir du bien est alimenté par notre vision chrétienne inspiré des évangiles et dont Jésus est le modèle par excellence. Or ce qui est premier dans la tradition chrétienne, c'est que Dieu est amour, qu'il nous appelle à l'amour et que nous avons à répondre à cet amour. Notre morale chrétienne, est d'abord une éthique du bonheur avec les autres. Quant à la « morale », ce sont les interdits et les obligations qui vont mettre en œuvre ce désir de bien vivre en indiquant les chemins d'impasse qui mènent au malheur. Bien sûr il y a aussi dans l'Église des normes, des règles, les dix commandements… Dans le Sermon sur la montagne, Jésus donne également un certain nombre d'indications… Mais c'est toujours au service de cet amour de Dieu qui est premier. Il faut garder en tête cette priorité : le don (de la vie, de la liberté, de l'amour de Dieu) est premier, la loi est là pour continuer à vivre de ce don, c'est une loi de vie.

Avant d'appliquer ou d'enseigner les règles morales, il nous faut donc reconnaître cet amour de Dieu qui en donne le sens et l'orientation. Le pape François le dit dans *La joie de l'Évangile*, il s'agit d'abord d'annoncer l'amour salvifique de Dieu, c'est ce qui est premier pour tout homme et pour tout chrétien (cf. *EG* 39, 168). La loi morale est au service de cela, et elle est seconde. Comment faire pour être heureux ? Certains chemins ne le permettent pas, et il faut les éviter.

Mais l'amour de Dieu ne nous dit pas ce que nous devons faire ! Saint Augustin disait : « Aime et fais ce que tu veux. ». Mais qu'est-ce qu'aimer ? La liberté, est parfois difficile à vivre, et nous préférerions avoir des normes précises, bien encadrées, qui nous disent quoi faire. C'est une tentation aujourd'hui pour tous ceux qui disent ignorer comment agir, parfois faute d'éducation. Il est plus aisé de suivre des règles. Certes, les repères sont importants, mais même les dix commandements ne nous disent pas que ce qu'il faut éviter. Ce qu'il est bon de faire est toujours quelque chose que nous avons à décider par nous-mêmes. Nous avons des repères qui nous aident à éviter les chemins menant à des impasses : si je mens, je détruis la confiance autour de moi, et les relations avec les autres vont devenir difficiles. Il est bon de ne pas mentir, ne pas voler, ne pas tuer, etc. Mais quand je sais cela, que faire ? C'est là que je retrouve l'intention éthique première : aimer Dieu et mon frère, se comporter du mieux possible pour que les relations avec les autres –ceux que je connais ou plus largement ceux que je touche par la médiation des institutions sociales – soient justes, paisibles, harmonieuses.

La vie morale est un chemin. Nous ne pouvons intégrer les exigences de l'évangile que peu à peu, au fil de la vie. Nous avons besoin de les intérioriser. L'enfant découvre peu à peu que les lois ne sont pas là pour brider sa liberté, ni pour l'empêcher de vivre, mais pour favoriser sa croissance, permettre son ouverture et sa bonne relation aux autres. La vie morale, c'est ce qui fait croître l'humanité en nous, ce qui nous aide à être plus humains. Et plus nous grandissons avec ces règles, plus nous devenons libre. Car la vraie liberté n'est pas la liberté de faire ce que je veux quand je veux, c'est ce qui me mène à une vie harmonieuse avec les autres. Ceci suppose un certain nombre de prises de conscience, de règles… qui mènent à la liberté. Et la vraie liberté mène au bonheur. Quand on use mal de sa liberté, cela mène au malheur et à l'impasse. L'expérience de l'Église et de la société s'est en quelque sorte sédimentée au cours de l'histoire pour nous dire : si tu veux être heureux, évite de mentir, évite de voler, etc.

La morale chrétienne n'est pas enfermante, elle est vraiment au service de notre accès à une vie heureuse, avec d'autres.

Qu'est-ce que l'obéissance ?

P. Bruno Cazin, vicaire général du diocèse de Lille, médecin, auteur de *Dieu m'a donné rendez-vous à l'hôpital* (Bayard)

On parle beaucoup de l'obéissance dans la vie chrétienne. Obéir, c'est d'abord être à l'écoute, accepter de ne pas rester centré sur soi-même ou de rejeter l'illusion qu'on s'est fait tout seul. Notre vie est faite d'obéissance. Si nous savons parler, c'est parce que nous avons écouté. Toute notre vie est obéissance : écoute et réponse.

Il faut tout d'abord obéir à la vie, en tant qu'elle est un don que l'on reçoit. Le malade confronté à l'approche de la mort réalise qu'il ne possède pas sa vie. Il commence bien sûr par lutter pour la garder, puis vient un moment où il lâche prise et apprend à se recevoir de l'autre. De l'autre soignant, de l'autre accompagnant, de son conjoint, de ses enfants et, s'il est croyant, de Dieu. La vie est un don, et l'on se reçoit des autres. J'ai visité récemment un malade qui suit actuellement une lourde chimiothérapie et qui se sait menacé, même si j'ai bon espoir qu'il s'en sorte. Depuis des années il vivait dans le ressentiment et dans la plainte. Or ce jour-là, alors que je lui demande comment il va, il me répond : « Je vais très bien. Quand a vécu ce par quoi je suis passé, on ne peut qu'aller très bien. » Et plus tard, il a expliqué qu'on ne peut qu'aller très bien car on reçoit la vie comme un cadeau. L'obéissance, c'est ce mouvement d'écoute et d'accueil qui reconnaît qu'on ne possède pas les choses. Et la foi est obéissance, car elle est réponse à la confiance que Dieu nous fait. L'obéissance est un dialogue.

Il ne s'agit pas de soumission. Se recevoir d'autrui, est-ce une forme de soumission ? Nos frères musulmans insistent beaucoup sur ce mot : je ne suis pas premier, je reçois ma vie et comme croyant je crois qu'elle m'est donnée par Dieu. J'ai découvert l'importance de ce mot dans mon expérience avec les malades, mais aussi en lisant l'épître aux Hébreux qui dit que « le Christ, tout fils qu'il était, a appris par ses souffrances l'obéissance. Et, ainsi parvenu à son accomplissement, il est devenu pour tous ceux qui lui obéissent la cause du salut éternel ». Hb5, 8,9

Nous devons donc obéir comme le Christ obéit. Il nous sauve parce qu'il est Fils. Il nous sauve parce qu'il est à l'écoute de son Père, parce qu'il ne fait pas sa volonté mais la volonté du Père. On connaît son combat à Gethsémani, et cette obéissance n'est pas facile. Mais le Christ la vit dans une telle confiance envers le Père que, finalement, il peut aller jusqu'à offrir sa vie plutôt que de subir sa Passion. C'est tout le mystère de l'eucharistie et de cette vie offerte alors qu'on la lui prend. C'est ce qui désamorce la violence des bourreaux ou la violence de la maladie. Celui qui subit la violence de la maladie parce qu'il essaie de s'en sortir par lui-même voit les choses devenir plus faciles quand il accepte de se recevoir d'un autre. Si cela paraît difficile à comprendre, pensez au baptême. Qu'est-ce que le baptême, sinon une plongée dans la mort du Christ pour ressusciter avec lui ? C'est la grâce qui nous est donnée d'être fils, autrement dit de recevoir notre vie de Dieu. Pour comprendre l'obéissance, il faut se tourner vers le Fils obéissant au Père, et faire l'expérience de nous recevoir de Dieu.

Obéir, c'est faire la volonté de Dieu, mais cette volonté n'est pas inscrite en lettres lumineuses dans le ciel, elle se discerne, il faut la chercher. En écoutant Dieu dans la prière, en méditant la Parole, avec nos frères. L'Église permet de discerner la volonté de Dieu dans notre vie, ce qui est toujours à refaire.

Certains grands malades que j'ai accompagnés comme médecin parviennent aisément à l'obéissance. Ils sont d'emblée dans la confiance. Pour d'autres, c'est un combat qui peut durer jusqu'au bout. Je pense que l'obéissance a beaucoup à voir avec la liberté. Certaines personnes sont extrêmement prisonnières de l'image qu'elles se font d'elles-mêmes et du projet qu'elles se sont donné dans la vie. L'obéissance véritable est en fait une croissance dans la liberté authentique.

C'est un abandon, au sens d'une remise confiante entre les mains de Dieu qui nous veut du bien. La volonté de Dieu n'est pas une volonté de malheur. Dieu ne veut pas que je sois malade. Mais il veut que, dans la maladie, je continue à accueillir son amour et à aimer moi aussi. La vraie liberté, c'est la liberté d'aimer et d'être aimé. Résister, c'est refuser d'être aimé. La personne fragilisée par la maladie, ou qui perçoit qu'elle arrive à la fin de sa vie, c'est un pauvre disposé à accueillir le don de Dieu. Relisons les Béatitudes « heureux les pauvres de cœur, le Royaume de

Dieu est à eux » Mt5,3. L'obéissance, c'est la confiance de l'enfant qui s'en remet au Père.

Obéir, c'est s'enrichir, c'est quitter l'illusion de se construire tout seul, pour vivre en alliance. Obéissance et alliance sont presque des synonymes. « Je suis ton Dieu, tu es mon peuple », c'est une formule d'alliance, mais aussi d'obéissance, d'écoute : nous allons cheminer ensemble, nous allons dialoguer… L'obéissance n'est pas triste, bien au contraire, même si le mot a quelque chose de choquant dans son acception ordinaire.

Et quand on est malade, l'obéissance peut aller de pair avec la lutte pour guérir. Cette lutte est légitime, mais elle est vaine si la personne pense qu'elle va s'en sortir par elle-même. Le discours selon lequel une personne s'en sortira si elle en a la volonté est trop répandu. La volonté ne fait pas tout. Je mettrais d'abord l'accent sur la confiance, dans les soignants d'abord, et plus largement dans ce qui donne la vie. Car la vérité de la vie, c'est qu'on la reçoit.

Les fruits de l'obéissance sont la paix, et la liberté, plutôt que le vain combat de celui qui essaie d'exister par lui-même.

Comment savoir que nous avons péché par omission ?

P. Philippe Marsset, curé de la paroisse Notre-Dame de Clignancourt à Paris

L'omission n'est pas l'amnésie, ce n'est pas un péché que nous aurions oublié, sinon bien sûr, par définition, on ne pourrait pas le confesser. Ce qui ne veut pas dire qu'il ne pourrait être pardonné. Dieu ne pardonne pas seulement ce qu'on lui dit, il pardonne aussi tout ce que l'on a oublié. Pécher par omission, c'est ne pas faire ce qu'on pourrait ou ce qu'on devrait faire. Pécher, ce n'est pas seulement faire du mal, c'est aussi ne pas faire le bien qu'on pourrait faire. « J'aurais pu, mais je ne l'ai pas fait, visiter mes vieux parents, éviter tel conflit, accéder à telle revendication de mes salariés... » C'est un péché qui endurcit notre cœur.

Quand saint Paul dit : « Je fais le mal que je ne veux pas faire, et je ne fais pas le bien que je voudrais faire », il définit d'une certaine manière ce qu'on appelle le péché originel : quand le bien et le mal se présentent, on fait le mal alors même qu'on sait où est le bien !

Avant de nous confesser, nous pourrions prier saint Zachée, l'homme qui nous apprend ce qu'est le pardon du Seigneur : Voilà un homme qui ne s'aime pas beaucoup (parce qu'il est petit de taille). Il n'aime pas le regard des autres sur lui (parce qu'il a un sale métier). Il n'est pas aimé, il n'aime pas les autres. Il a tout faux et il n'arrête pas de pécher par omission parce qu'il a oublié qu'il a un cœur fait pour aimer. Et voilà que Jésus va s'inviter à « demeurer » chez lui. C'est la première expérience du sacrement du pardon : il est visité par Jésus qui lui révèle un autre regard, le regard que Dieu pose sur lui, un regard de vie et de résurrection, qui va transformer son cœur dur en cœur pur. « Je ne vaux pas ce que je pense de moi, je ne vaux pas ce que les autres disent de moi, j'ai la valeur du regard que Dieu pose sur moi »

La liste est longue du bien que nous ne faisons pas dans notre vie. Pour nommer nos omissions il faut coller au réel, à la mesure de ce que l'on vit, à la mesure de notre responsabilité. Des péchés par omission, nous en faisons beaucoup : quand on voit une injustice et que l'on reste muet, quand on n'ose pas dire sa foi… C'est un outil pour le discernement qui va nous aider à nous changer.

Pour parvenir à ce discernement, on peut commencer par se demander ce que ferait Jésus s'il était là. Ou ce que me diraient saint Paul ou les Évangiles dans telle ou telle situation. Je peux aussi chercher à voir ce que je refuse de faire dans ce que l'Église me demande de vivre. Pour sortir de la subjectivité, je peux m'appuyer sur ces paroles (d'Évangile) qui ne viennent pas de moi, et que Dieu me donne pour m'enfanter à une autre vie.

Pour que le sacrement de réconciliation soit pleinement vécu, il faut éprouver non des remords, mais des regrets. Le remords est un regard culpabilisé sur le passé, le regret est plus dynamique, il est l'expression d'une volonté de changement. Il est nécessaire à la sincérité de la confession. Si on ne regrette pas ce qu'on vient confesser, on ne se met pas en situation de conversion par rapport à soi-même. Quand Jésus dit qu'il faut toujours arriver à pardonner, ce n'est pas parce que le pardon est toujours facile, c'est parce qu'il faut toujours garder ouverte la possibilité d'avancer vers du mieux, même si on n'y parvient pas tout de suite.

Mais souvent on retombe dans les mêmes erreurs… On retourne souvent se confesser avec les mêmes péchés. C'est comme la douche : tous les matins, parce qu'il y a toujours de la crasse ou de la sueur ! Et puis le prêtre est là pour empêcher la personne de s'enfermer dans une culpabilité mortifère. Une pédagogie est possible, la grâce, la puissance de l'Esprit Saint agit, et des prises de conscience permettent d'avancer.

Un prêtre apprend à bien confesser quand il se confesse bien lui-même, ce qui lui évite aussi de se considérer comme un juge ou un moraliste. Il est un père qui sait qu'il est lui-même pécheur, et qui est là pour permettre à l'autre de grandir, et non pour l'en empêcher.

Y a-t-il des péchés impardonnables ?

P. Xavier Lefebvre,
curé de Saint-Louis d'Antin à Paris

Il y en a au moins un, dont parle le Christ dans l'évangile de Matthieu : le blasphème contre l'Esprit saint (Mc 3, 22-30). Comment comprendre ?

L'Esprit saint, don et amour du Père et du Fils, est appelé l'avocat, le consolateur. C'est lui qui nous faire connaître l'amour du Fils et la miséricorde du Père. Refuser l'Esprit, c'est refuser de se tourner vers le Père, refuser d'être docile à la révélation du Père dans le Fils. C'est donc rejeter le plan de Dieu sur nous et sur la Création. Le blasphème contre l'Esprit consiste à refuser la foi en Jésus Sauveur, de manière volontaire, en toute connaissance de cause.

C'est par la lumière de l'Esprit-Saint que nous connaissons ce qu'est le péché. Un péché n'est pas une simple faute morale. On ne se confesse pas pour retrouver une propreté « seulement » morale ! Pendant la confession, je peux avouer me mettre souvent en colère, ou manquer d'humilité… Mais si j'en reste là, c'est comme si je me contemplais devant un miroir pour constater que je ne ressemble pas à l'idéal moral que j'ai de moi-même. D'une certaine manière, il n'y aurait même pas besoin d'aller voir un prêtre pour cela.

Le péché dit un manquement à l'amour véritable envers Dieu, et envers le prochain (C.E.C. 1849). Quand un scribe demande à Jésus quel est le plus grand des commandements, celui-ci lui répond : « *Tu aimeras le Seigneur ton Dieu de tout ton cœur, de toute ton âme et de toute ta force.* » Et le second commandement lui est semblable (et non pas identique) : « *Tu aimeras ton prochain comme toi-même* » (Mc 12, 29-31). Il y a donc trois amours à ordonner : l'amour de Dieu, l'amour du prochain, l'amour de soi-même. Nous avons besoin de l'Esprit-Saint pour découvrir que nous avons péché contre l'amour de Dieu et son image dans notre prochain. C'est Lui que nous prions pour nous préparer à recevoir le pardon, afin que, comme un divin médecin, il nous éclaire sur nos péché, nous donne un vrai repentir, et nous en libère. Le blasphème contre l'Esprit-Saint, finalement, consiste dans le refus d'être consolé et pardonné par Dieu.

Mais cela fait surgir une autre question. Nous pouvons en effet nous demander : quand le prêtre est-il dans l'impossibilité de donner l'absolution ? Dans son livre *Dieu est miséricorde*, le pape François a inclus un chapitre intitulé « Pécheur oui, corrompu non ». Cette distinction apporte la réponse. Le pécheur se reconnaît comme tel devant Dieu, avec ses faiblesses et son mal, il désire en être libéré parce que cela le détruit. Le corrompu, lui, se justifie de son péché. Le prêtre ne peut donner l'absolution quand il n'y a ni repentir, ni désir de conversion. Ce serait brader le sacrement que de donner son pardon à quelqu'un qui, finalement n'est pas disposé à le recevoir.

Enfin, peut-on craindre d'avoir commis des péchés si graves qu'ils ne puissent être pardonnés ? Il est important de rappeler que ce n'est pas le degré de gravité de la faute qui rend le péché pardonnable ou non, mais le repentir et le désir de conversion. Ainsi, le pape François a demandé aux prêtres, lors de l'année de la miséricorde, de pardonner plus particulièrement l'avortement. En cette matière, la confession n'est jamais chose facile. L'écoute et le discernement sont nécessaire. Souvent les femmes concernées ont subi un avortement sous la contrainte, sous la pression ou le chantage du compagnon qui menace de partir si elles gardent l'enfant, du mari qui ne veut pas en entendre parler, de la famille qui estime que cela ne se fait pas de se marier enceinte… De nombreuses circonstances montrent que la personne venant se confesser n'était pas totalement libre. Les forums de discussion sur les sites féminins nous ouvrent les yeux sur ces situations difficiles. Il y a aussi des personnes, c'est beaucoup plus rare, qui viennent se confesser de complicité d'avortement, pour avoir contraint, poussé une femme, une amie, une fille à l'avortement. Dans tous ces cas, c'est le repentir et le désir de conversion qui seront essentiels au sacrement.

Les nombreuses confessions que je pratique à Saint-Louis d'Antin m'ont appris à aimer ce ministère. Confesser, pour un prêtre, c'est être le témoin de la miséricorde de Dieu, c'est une dimension fondamentale du cœur sacerdotal. Un prêtre qui ne confesse pas risque de devenir triste, aigri, dur. Et puis c'est un ministère où l'on découvre la joie. Ceux qui sortent du sacrement de réconciliation libérés, apaisés sont des témoins joyeux du pardon reçu, et le prêtre lui-même grandit dans la joie. Cette expérience m'a transformé et j'espère que cela continue, parce que, comme prêtre, j'en ai besoin !

Le pape François a raison de nous demander, à nous les prêtres, de nous « mouiller » dans ce sacrement. Il a vraiment un cœur de prêtre, cela se sent, et il a raison de nous pousser à sortir de nos routines, à aller vers nos brebis et à les accueillir comme elles doivent l'être, avec compassion.

Si Dieu est le créateur de toutes choses, pourquoi a-t-il créé Hitler ou Staline ?

P. Benoist de Sinéty,
vicaire général du diocèse de Paris

Spontanément, je dirais que si Dieu a créé Hitler, Staline, Pol Pot et tant d'autres personnes qui ont marqué l'humanité par leur capacité à se laisser prendre par l'esprit du mal, c'est pour le bien. Il ne les a pas créés pour faire le mal, il les a créés pour faire le bien, mais il les a créés libres. Notre liberté peut être, certes, conditionnée par des influences extérieures, notre éducation, notre culture, notre situation historique, qui nous amèneront à faire des choix vers la vie ou des choix vers la mort, mais en aucun cas l'homme n'est créé pour autre chose que pour le bien.

La finalité de tout homme est de pouvoir contempler Dieu face à face, le bien absolu qu'est Dieu, pour l'éternité.

J'ai connu un couple qui après des années de mariage était arrivé au bord de la rupture et se disputait très violemment. Ces deux personnes s'étaient profondément aimées pendant des années. Un jour, quelque chose s'est produit qui a provoqué une rupture très violente. Lui me dit un jour en parlant de son épouse : « Cette femme est née pour me pourrir la vie ». Cette phrase, il ne l'aurait bien sûr pas dite dix ans plus tôt. Nous sommes tous amenés à évoluer dans notre vie. Un bébé charmant qui attendrit tout le monde dans son berceau peut devenir la pire des ordures ! Personne n'en sait rien, lui-même ne le sait pas. Il deviendra peut-être au contraire un grand saint.

Cela veut dire qu'entre notre création et ce que nous devenons, quelque chose se passe, mystérieux, imprévisible. De l'ordre de la liberté, du choix. On a toujours le choix entre tuer et ne pas tuer, entre voler et ne pas voler, sauf dans des cas extrêmes évidemment. Dans une vie normale, on a toujours le choix d'être fidèle ou infidèle par exemple. Dans la Bible, alors que le peuple hébreu est dans le désert, Dieu s'adresse à lui par la bouche de Moïse qui dit : « Voici, vous avez le choix, devant vous s'ouvrent deux chemins, l'un mène vers la vie, l'autre vers la mort. Choisissez la vie. » Mais l'homme a toujours le moyen et la liberté de choisir la mort. Ce n'est pas un mystère, c'est la réalité concrète de nos vies. Nous pouvons tous, en relisant nos vies, voir que nous avons, à certains moments, posé des choix libres et conscients qui étaient mauvais.

Notre liberté est réelle, tout ce que nous faisons et pensons n'est pas conditionné. Bien sûr, nous subissons des influences, mais nous pouvons les rejeter. Voyez le nombre d'enfants baptisés, catéchisés, élevés dans des familles très croyantes… Combien sont-ils, à 15 ans, qui rejettent tout cela ? Leur éducation les empêche-t-elle de rejeter le Christ ? Pas du tout ! À l'inverse, certains, élevés dans un milieu athée, décideront de devenir chrétiens. Sauf cas très particulier, la liberté de choisir demeure.

Après avoir partagé son dernier repas avec ses apôtres, Jésus, dans l'évangile de Jean, regarde Judas quitter la pièce et saint Jean écrit simplement : « Il sortit dans les ténèbres ». Je me suis toujours demandé ce qui pouvait à ce moment-là habiter le cœur et l'esprit du Christ en voyant son ami décider, de lui-même, de sortir dans les ténèbres. Peut-être qu'Hitler ou Staline, à un moment de leur vie, ont décidé de « sortir dans les ténèbres », là où le diable les a retrouvés.

Je crois qu'à ce moment-là, Dieu nous regarde avec compassion, tristesse, et beaucoup de tendresse aussi. Sa création n'est pas ratée, car il est toujours possible à l'homme de revenir. Si Hitler ne s'était pas suicidé, avait été arrêté, jugé et avait demandé pardon pour tout ce qu'il a fait, il aurait été insupportable, inadmissible, qu'un tribunal le grâcie. Mais Dieu, lui, le peut. Cela va peut-être choquer profondément, ceux surtout qui ont souffert dans leur chair ou dans leur famille de la folie de cet homme, mais j'oserais dire que mon espérance est que tout criminel, même le plus abject, ait pu avoir cet éclair de conscience qui lui permet de se retourner vers le Christ et de se jeter à ses pieds. Je pense qu'alors il n'y a aucun obstacle au pardon. Un jour, une femme est venue se confesser au Curé d'Ars parce que son mari s'était suicidé en se jetant du haut d'un pont — à l'époque les suicidés n'étaient pas enterrés à l'église —, le Curé d'Ars lui a répondu : « Entre le pont et le fleuve dans lequel il s'est jeté, il y a la place pour le repentir. » J'ai cette foi-là.

Face au mal, il me semble que le fond de notre vie chrétienne est un combat spirituel. On édulcore trop souvent la vie chrétienne : Dieu est amour et tout va bien. La vie chrétienne est un combat, et nous faisons tous l'expérience en cherchant à nous rapprocher du Christ et des Évangiles qu'il y a des résistances et des peurs en nous. Chaque baptisé doit, comme un service à rendre au monde, chercher à se rapprocher du Christ, comme il le peut, avec les moyens que l'Église lui donne. Pour cela, il ne doit pas avoir peur de s'engager dans le combat spirituel, ce combat intérieur qui consiste à refuser obstinément d'aller là où le Christ ne nous conduit pas.

« Je suis avec vous tous les jours de votre vie », dit Jésus à ses disciples. « Ne vous souciez pas de la manière dont vous vous vêtirez et de ce que vous mangerez, votre Père des cieux y veillera. » Dieu nous accompagne sur les chemins de notre vie, et avec lui nous n'avons rien à craindre car il est toujours vainqueur. Si j'accepte de l'accueillir en vérité dans ma vie, je n'ai rien à craindre.

Et il est avec ceux qui font le mal s'ils retournent leur cœur. Faire le mal, c'est abandonner Dieu, c'est sortir dans les ténèbres. L'expérience nous montre que l'accoutumance au péché rend de plus en plus difficile le retour vers la lumière. Je pense que le drame de la vie de ces grands criminels c'est qu'une fois sortis dans les ténèbres, ils s'y sont habitués.

Pourquoi parler d'ascèse dans la vie chrétienne ?

P. Dominique Salin, jésuite

Comment vivre le Carême ? L'Église nous propose quarante jours de conversion au cours desquels il nous est demandé de vivre, par le jeûne, une certaine ascèse. Ce mot, un peu vieillot, est rébarbatif, il évoque des efforts que l'on s'impose, des renoncements, des pénitences, des flagellations, des jeûnes… Quand j'étais jeune, l'ascèse avait plutôt mauvaise presse. Mais nos jeunes contemporains ont des exigences de discipline et de maîtrise du corps qui préparent assez bien à comprendre ce qu'est l'ascèse. Le goût pour le sport, avec l'effort qu'il demande, les régimes alimentaires que l'on s'impose assez volontiers, les techniques de contrôle des pulsions et de la vie du corps, qui relèvent de ce que Michel Foucault appelait le souci de soi… nos contemporains sont tout à fait prêts à les admettre.

L'ascèse est un mot grec, *askèsis*, qui signifie entraînement, exercice du gymnaste. Il fait partie du vocabulaire sportif et, dès l'antiquité païenne, il a été appliqué à la sagesse. L'ascèse, ce n'est pas seulement maîtriser son corps, c'est aussi maîtriser ses pulsions et ses affects. Chez les pythagoriciens, les *askètaï* sont les sages, les parfaits. Les premiers chrétiens, les premiers moines, les premiers spirituels ont repris cette problématique de l'entraînement. Les Pères du désert allaient dans la solitude affronter les démons extérieurs, mais surtout intérieurs, et s'entraîner à une forme de pugilat spirituel avec ces forces obscures qui nous veulent du mal.

Saint Paul lui aussi se compare à un coureur qui court vers le prix qui lui est proposé. C'est une image intéressante, car elle nous montre que l'ascèse n'est pas une fin en soi. On ne jeûne pas pour jeûner, on ne se prive pas pour le plaisir de se priver. Car alors on tombe dans un travers fondamental, qui a d'ailleurs été reproché au christianisme, une forme de masochisme, consistant à s'imposer des souffrances et des privations, comme si Dieu jouissait des souffrances qui nous surviennent, ou que nous nous infligeons pour lui faire plaisir. Or la Passion du Christ est un moment qui débouche sur la Résurrection.

L'ascèse vise sa propre disparition. On s'entraîne à ne plus avoir besoin d'entraînement. Affichée sur le bâtiment du Conseil de Région Ile-de-France, une photo montrait récemment deux championnes de course de haie, au moment où elles franchissent l'obstacle. Leur corps était totalement tendu, leur regard fixé sur leur but, leur geste magnifique. À force d'un entraînement lourd, pataud, maladroit, elles étaient parvenues à une légèreté de gazelle, naturelle, apparemment sans contrainte. L'ascèse, c'est cet entraînement qui permet d'atteindre la spontanéité magnifique du sportif qui lance le javelot ou saute à la perche avec une grâce extraordinaire. À l'effort de l'homme répond la grâce de Dieu.

Nous sommes tous des sportifs ! Dieu nous appelle à une forme de maîtrise de soi qui nous libère de l'esclavage de nos pulsions et de nos caprices. Il faut cependant se garder de l'illusion que nous pourrions parvenir à une maîtrise totale de nous-mêmes. Nous ne le pouvons pas. On a même condamné cette illusion, dans les premiers temps de l'Église, comme une hérésie appelée l'encratisme, qui consistait à croire que l'homme pouvait aboutir à la sainteté et à la perfection par ses propres forces. L'Église a réagi en refusant cette illusion et en affirmant que dans l'aventure, nous ne sommes pas seuls, que Dieu est avec nous. L'ascèse, c'est parvenir à une maîtrise de soi qui laisse le contrôle de soi à un autre en soi, à la présence de Dieu en soi, à l'Esprit Saint. Méditer, c'est s'ouvrir à la Parole de Dieu, au Seigneur qui frappe à la porte et demande à entrer chez nous.

À ceux qui se décideraient à pratiquer une certaine ascèse, pendant le Carême notamment, je dirai qu'il ne faut pas prendre de « résolutions ». Les résolutions, on ne les tient jamais longtemps, et on se décourage, on risque d'abandonner la partie. Car, d'ordinaire, on fixe la barre trop haut. Mieux vaut prendre des « orientations ». Ou se donner un point sur lequel on pourrait parvenir à une plus grande maîtrise de soi : le discours que je tiens sur mes collègues, mes relations avec ma belle-mère, mon rapport à la nourriture…

Il s'agit de faire attention. Une injonction revient à plusieurs reprises dans les évangiles : « Ouvrez l'œil et faites attention ! » Soyez des veilleurs, dit Jésus, ne vous endormez pas, restez lucides. La maîtrise de soi consiste justement à conserver sa lucidité mentale, psychologique et spirituelle. Il faut être vigilant. L'Évangile est plein d'histoires qui se passent la nuit : des gens qui s'endorment alors qu'ils devraient rester éveillés.

L'ascèse ne demande pas des efforts extraordinaires, comme ceux de ces yogis de la tradition indienne qui restent debout sans se coucher jamais pendant des années ! Mais dans quel but ? Nous avons mieux à faire que de pratiquer l'ascèse pour épater Dieu !

L'ascèse porte des fruits. On se sent mieux après quarante jours d'ascèse. On ressent de la joie. Tous ceux qui pratiquent le jeûne vous diront que l'on ressent un état d'euphorie, un sentiment de bien-être. Mais ce ne saurait être une fin en soi. Le principal, c'est la relation avec le Seigneur et avec les autres. L'ascèse n'enferme pas sur soi, elle ouvre sur les autres, elle me rend plus sensible à leurs besoins, elle me rend plus délicat et plus attentionné. L'ascèse est un moyen au service de la charité, de l'attention aux autres, de la disponibilité aux autres et à Dieu.

Le Carême

F. Nicolas Morin, franciscain

En entrant en Carême, les chrétiens se demandent comment utiliser au mieux ce temps qui mène à Pâques. L'Église recommande le jeûne, la prière et le partage. Certains trouvent cela austère. Beaucoup en parlent comme d'un temps de pénitence. En ce qui me concerne, j'attends le Carême avec joie, car c'est un rendez-vous que Dieu me donne pour grandir dans ma foi, pour grandir avec moi-même, avec Dieu et avec les autres. C'est une chance qui m'est donnée. Pénitence, oui, dans le sens d'un changement profond qui m'est proposé. On n'a jamais fini de changer. Le carême dure quarante jours. Ce chiffre évoque les quarante ans des Hébreux au désert, et le but de cette traversée du désert, ne l'oublions pas, c'est la Terre promise. Cette Terre promise, c'est la terre du devenir soi… Je vais enfin devenir ce que je suis appelé à être : le fils bien-aimé du Père. Le carême, c'est un temps pour s'y exercer. Quarante, c'est aussi quarante semaines, le temps de la grossesse. C'est une belle image, qui veut dire que le carême est un temps qui m'est proposé pour renaître, pour naître à moi-même.

Le carême est donc bien plus qu'un temps de pénitence : un temps de retour sur soi, de relecture de vie, qui nous est proposé tous les ans. C'est la pédagogie de l'Église, qui nous propose de vivre avec beaucoup plus d'intensité pendant un temps limité ce que nous sommes appelés à vivre tout au long de notre vie chrétienne. Le carême est une démarche de conversion qui s'étend sur toute notre vie.

Se retrouver soi-même, cela veut dire savoir qui l'on est. Et cela se fait en contemplant le Christ. J'aime beaucoup cette phrase de Jésus : « Je vous dis tout cela pour que ma joie soit en vous et que votre joie soit parfaite. » Le désir de Jésus, c'est que nous connaissions en profondeur la joie, sa joie. Mais qu'est-ce que la joie de Jésus ? Peut-on parler de joie quand on contemple le Christ en croix ? J'ai trouvé une pépite dans la lettre de carême du pape François :

« Jésus est riche de sa confiance sans limite envers le Père, de pouvoir compter sur lui à tout moment. » J'ai entendu ces mots comme un appel très concret à grandir dans la confiance envers ce Père, de redécouvrir que c'est un père qui me veut heureux et qui m'indique le chemin du bonheur. Ce chemin, c'est de contempler le Christ et de marcher sur ses traces.

Ce chemin passe par un temps de jeûne, de partage, de prière… Jeûner, c'est creuser, élargir l'espace de ma tente. Si je suis plein de moi-même, de mes activités, il n'y a plus de place pour accueillir l'autre, pour accueillir Dieu et finalement pour accueillir la profondeur de ce que je suis. Le carême veut nous aider à ouvrir un espace et le jeûne, très concrètement, l'exprime physiquement. Alors qu'habituellement, quand j'ai faim, je comble immédiatement ma faim, durant le carême, je vais accepter de manquer, non pas pour manquer, mais pour m'ouvrir à un bien encore plus grand, Dieu, qui est capable de me combler. C'est cela, le sens du jeûne. En même temps, la faim me fait prendre conscience de ceux qui ne choisissent pas la faim, et donc elle m'ouvre les yeux pour une solidarité très concrète elle aussi.

Il y a différents types de jeûne. Moi, je ne mange pas le vendredi soir. Je passe l'heure du repas à la chapelle, en oraison. Un jour, des chrétiens se sont joints à moi, car ils ne savaient pas trop comment vivre le carême, et depuis, cela continue, et cela s'étend même maintenant sur toute l'année. Voilà une manière très concrète de vivre le jeûne et de lui donner du sens.

Le jeûne, ne l'oublions pas, est lié au partage : est-ce que je me laisse interpeller par le visage de l'autre ? Quelqu'un m'a rapporté avoir osé récemment adresser la parole à un mendiant près de qui il passait depuis des années. C'est cela aussi, partager : croiser le regard de quelqu'un qui nous laissait jusqu'alors indifférent ou qui nous faisait peur, et découvrir que lui aussi est fils bien-aimé du Père.

Finalement, le carême, ce n'est pas quarante jours de tristesse. C'est une chance de découvrir notre vocation, qui a trait à celle de Jésus. Jésus est pour moi le grand frère que je suis appelé à devenir. Je peux dire au Seigneur pendant le carême : « Aide-moi à grandir dans l'amitié avec toi, à te suivre d'une manière très concrète. »

Le carême est montée vers Pâques, un événement essentiel de la vie de l'Église. C'est un temps qui a plusieurs dimensions. L'une des plus belles, c'est la dimension de peuple. On vit ce temps en communauté. La foi ne concerne pas seulement Dieu et moi. Nous sommes donnés les uns aux autres pour chercher Dieu ensemble et aller vers lui ensemble. Les grandes cérémonies de la Semaine sainte, le lavement des pieds, la procession de la croix, et cette longue marche de la veillée pascale le disent très bien. C'est un peuple en marche. Une autre dimension de la Semaine sainte nous enjoint à nous laisser faire par la liturgie qui est très belle. De plus en plus de chrétiens prennent des congés pour vivre ces trois jours-là.

Ces quarante jours, chaque année, sont un chemin spirituel qui nous aide à grandir. Ce chemin-là, nous ne le construisons pas à la force du poignet, il nous est donné. Je crois que le Seigneur ne nous demande qu'une chose : nous rendre disponibles, avoir le désir de l'aimer davantage, et pour le reste, c'est lui qui fait le travail. Le carême n'est pas triste, il mène à la joie de la Résurrection.

La Terre n'est-elle qu'un lieu de passage ?

**P. Luc Forestier, Oratorien,
théologien et directeur de l'IER de Paris**

Il semblerait que l'être humain soit le seul être vivant à prendre conscience assez tôt du fait qu'il va mourir. On se demande souvent s'il faut emmener des enfants aux obsèques. N'ayant pas d'enfant, je me garderai bien de donner des leçons à ce sujet, mais je pense qu'il est important d'associer des enfants très jeunes aux obsèques. Les obsèques chrétiennes sont l'un des lieux où l'on se rappelle qu'on est mortel, mais où l'on s'en rappelle ensemble et où l'on entend ensemble une parole d'espérance. Il s'agit d'une espérance qui ne concerne pas seulement un au-delà, mais qui peut structurer notre vie ici et aujourd'hui. Des enfants qui ne peuvent pas tout saisir, comprennent très tôt que leur vie est finie, ainsi que celle de leurs proches. Et cela organise toute notre existence puisque nous avons un temps limité.

La Terre est un lieu de passage. Notre patrie, disaient les Pères de l'Église, est dans les cieux. Nous sommes des pèlerins, en voyage, et notre patrie définitive est dans le Royaume. Mais alors, que faire ici et maintenant ? Nous sommes toujours tentés par deux pièges. L'un consiste à oublier que nous sommes mortels en nous divertissant, comme disait Pascal, aujourd'hui en consommant. L'autre est de tomber dans une forme de dépression et de s'enterrer avant même d'être mort. Je pense que le christianisme, dans sa liturgie, dans sa réflexion, dans sa manière d'agir pour les autres, est une forme de refus de ces deux extrêmes que sont la jouissance vide et l'apathie paralysante.

Quand on sait que l'on est mortel et que l'on est promis au Royaume, chaque instant de la vie prend une saveur unique. Chaque instant que nous vivons est absolument unique, car il ne se reproduira pas. Même les gestes que nous faisons chaque jour sont toujours différents. Chaque rencontre prend une épaisseur considérable, même la plus banale. Le pape François reprend souvent une phrase que je trouve très puissante : « Le temps est supérieur à l'espace. » Cela signifie qu'il vaut mieux initier des processus qu'occuper tout l'espace, prendre toute la place. Cela donne une grande valeur au temps qui nous est donné, parce que tout peut s'acheter, mais pas le temps. Le temps nous est donné, quelle que soit notre fortune.

Qu'est-ce qu'initier des processus ? C'est entrer en relation. Nous ne sommes que de passage, et tout va disparaître. Notre corps, notre culture et même l'Église. Qu'est-ce qui va rester ? Les processus que nous aurons initiés, c'est-à-dire les relations.

L'historien Philippe Ariès a mis en lumière l'importance des représentations, notamment celle de la « bonne mort ». Aujourd'hui, la bonne mort, c'est la mort brutale. C'est peut-être la bonne mort pour celui qui meurt, mais pas pour son entourage qui la vit comme un événement violent. Or, pendant des siècles, la bonne mort était une mort lente, qu'on avait le temps de préparer, d'anticiper, pour dire adieu, merci et pardon à ses proches. Nous avons tous avec certains de nos proches des relations difficiles, et je pense qu'il est important de pouvoir jusqu'au bout esquisser autant que possible une parole de pardon. Nous nous retrouverons dans le Royaume, telle est notre espérance ! Aussi, même si notre vie est limitée, nous ne sommes pas voués à disparaître purement et simplement. C'est la conviction chrétienne née de la résurrection du

Christ : nous sommes faits pour la vie. Une vie différente, mais qui s'anticipe ici et maintenant.

Être de passage, c'est être vivant et responsable. Nos responsabilités sont différentes selon notre âge, notre santé, nos capacités, mais nous sommes tous responsables, et de plus en plus à mesure que nous vieillissons. La vieillesse est malheureusement pensée comme une décroissance, alors qu'en réalité elle est un mûrissement, une croissance.

Aujourd'hui, on est tenté de croire, notamment lorsqu'il s'agit de personnes âgées, de malades, que quelqu'un qui ne parle plus et n'est plus en mesure de vivre des relations n'est plus un être humain. On ne peut pas savoir ce que sera notre fin de vie ni qui nous entourera alors. Mais tant que nous sommes vivants et responsables, nous avons le devoir de créer et de recréer de la relation.

On pense à tout moment à ce que nous deviendrons après la mort. On peut y réfléchir. La liturgie dominicale est peut-être l'un des seuls lieux dans notre société où, publiquement, le mot « mort » est prononcé, puisqu'on dit que Jésus était mort, qu'il est vivant et qu'il reviendra. Quant à se projeter et anticiper, c'est impossible. L'Église est d'ailleurs très prudente, elle ne se prononce pas, sauf pour ceux qu'elle reconnaît saints.

Vivre en sachant que l'on est mortel et que chaque instant a une valeur considérable, jusque dans les relations les plus quotidiennes ou les plus délicates me semble essentiel. C'est vivre une foi chrétienne qui nous donne une espérance qui s'anticipe ici-bas.

Cela ne permet pas d'éviter d'avoir peur de la mort. Il n'y a pas de recettes pour affronter la peur de la mort. Nous ne pouvons pas savoir comment nous réagirons quand le moment viendra pour nous. Cela dépendra aussi de ceux qui nous entourent. Il est de la responsabilité de ceux qui n'en sont pas encore là d'être présents à ceux pour qui le passage s'annonce. On ne peut pas forcément leur dire grand-chose, et que dire ? Mais on peut être présent.

Ce passage ultime fait peur à tout le monde, à celui qui le vit comme à son entourage. Il y a là, bien que la technique s'en soit emparée, quelque chose qui reste insaisissable. La foi chrétienne ne nous dispense pas de tout cela. Elle nous aide seulement à le replacer au sein d'une liturgie, d'une prière, d'un acte commun, d'un soin du corps et des intelligences.

Les chrétiens détiennent-ils la vérité ?

François Euvé, jésuite,
rédacteur en chef de la revue *Études*

La vérité, voilà une notion délicate aujourd'hui, mais que l'on entend dans la bouche de Jésus qui dit : « Je suis le chemin, la vérité et la vie ». Une notion importante. Notre vie humaine a besoin d'être authentique, véritable.

Quand Jésus dit : « Je suis le chemin, la vérité et la vie », il faut considérer les trois mots ensemble, et réfléchir à ces trois mots et à l'ordre dans lequel Jésus les prononce. La vérité est au centre, mais elle est encadrée par le chemin et par la vie. Autrement dit, la vérité se révèle sur un chemin, celui de l'existence et celui de l'Évangile.

L'Évangile lui-même est un chemin, et les premiers chrétiens étaient d'ailleurs appelés « les disciples de la Voie ». C'est un chemin qui mène à la vie. La vie est une notion fondamentale, dont l'Évangile de Jean est pétri. La vie accomplie, authentique, la vie éternelle, c'est cela le salut. Et donc, dans la perspective chrétienne, la vérité est une personne. Jésus ne dit pas « Je vous dis la vérité », au sens d'une doctrine ou d'une morale, mais « Je suis la vérité ». La vérité est une personne avec laquelle nous sommes en relation. C'est l'authenticité de la relation que nous avons avec la personne de Jésus. Donc dire que l'on « détient » la vérité, cela pose question !

Que nous dit Jésus dans l'Évangile ? Il annonce la proximité du règne de Dieu, et il l'accomplit par des signes de guérison. Il dit les Béatitudes. C'est un programme de vie certes, mais le plus fondamental dans ses propos, c'est la relation personnelle qu'il instaure avec ses disciples et avec ceux qui l'écoutent. Il dit que sa mère et ses frères sont ceux qui écoutent la parole de Dieu et la mettent en pratique, ensemble. Le salut évangélique, c'est la communion. La vérité, ce n'est pas une doctrine abstraite, ce n'est pas une morale, c'est un être-ensemble, une relation harmonieuse entre nous, c'est ce que l'Évangile commence à réaliser. C'est cela, la vie véritable. Bien sûr, au premier degré, on peut dire que les chrétiens détiennent la vérité parce que l'Évangile est la vérité, mais on ne possède pas la vérité, parce qu'on ne possède pas une personne. Vouloir posséder la vérité, ce serait ramener la personne de Jésus à soi-même, le réduire à des idées, alors que la vérité, c'est la vie partagée.

Cette vie partagée, ne concerne pas que les chrétiens. Là aussi, on peut revenir à l'Évangile. Jésus parle à tous. Certains l'écoutent et le suivent, d'autres l'écoutent mais ne le suivent pas, certains ne l'écoutent pas aujourd'hui mais l'écouteront peut-être demain… Dans une parabole, le semeur sème généreusement, partout. Qu'est-ce qui va lever ? On ne le sait pas. On peut avoir pour horizon ce désir de partage le plus large et universel possible. Si on prend au sérieux l'idée d'une communion universelle, on ne peut pas se satisfaire que le salut soit accordé seulement à un petit groupe de justes.

La vérité est donc beaucoup plus large qu'on pourrait le penser. On peut en faire l'expérience avec des personnes qui se disent d'une autre religion, ou sans religion, mais avec qui se partage quelque chose d'une authentique humanité. Peut-être n'est-ce pas suffisant, mais à travers ce partage il y a les prémices d'une vérité qui se révèle. Quand

Jésus dit : « Si deux ou trois se réunissent en mon nom, je suis au milieu d'eux », on peut peut-être entendre ce « en mon nom » en un sens large et se dire que quand il y a du partage, le Christ est là, la vérité est présente.

Dans *Nostra Aetate*, Vatican II a dit que la semence de la vérité se trouve aussi dans les autres religions. On peut dire que toute personne humaine, parce qu'elle est humaine, est en quête de vérité. Pour des raisons diverses, les chemins qu'empruntent les hommes à la recherche de la vérité suivent des itinéraires différents, mais quand il y a une recherche authentique, quelque chose de l'ordre de la vérité, de la présence divine, est là. Inaccompli, insuffisant peut-être, mais là. Plutôt que de juger ces autres cheminements comme des « fausses religions » ou des « impasses », comme on l'a fait par le passé, on peut cheminer avec, et voir comment peu à peu s'orienter dans la bonne direction. Nous-mêmes, du reste, avons besoin d'être convertis, et nous ne saurions prétendre que notre manière de vivre l'Évangile est parfaitement authentique et aboutie.

Jésus lui-même n'a pas répondu à la question de la vérité dans l'Évangile. Sans vouloir me substituer à lui, je dirais que c'est un élément de réponse. La difficulté, et c'est peut-être pourquoi Jésus ne répond pas, c'est que la réponse n'est pas théorique. On ne peut pas y répondre sur un plan purement conceptuel. La question de la vérité, et la réponse, ne peuvent s'élaborer que dans une relation interpersonnelle. Répondre à quelqu'un qui vous demande ce qu'est la vérité suppose de s'appuyer sur sa propre quête.

On peut dire que c'est sur le chemin de recherche de la vérité que l'on est dans la vérité. « Tu ne me chercherais pas si tu ne m'avais déjà trouvé », dit Augustin. Le fait d'être en recherche est le signe qu'on a déjà trouvé.

Je crois qu'on peut dire alors que, si les chrétiens ne détiennent pas la vérité, ils ont le chemin pour la découvrir. L'Évangile nous propose ce chemin de vérité, et nous en sommes les témoins quand nous le vivons authentiquement, ce qui devrait inviter d'autres personnes à le suivre. On retrouve là encore la dimension du partage.

Peut-on vouloir être saint ?

P. Marc Fassier, responsable de la formation dans le diocèse de Saint-Denis

On ne naît pas saint, on le devient. Il ne s'agit pas d'une élection qui serait de toute éternité enfouie dans le secret de Dieu. Thérèse d'Avila, avant d'être la sainte que nous connaissons, était une pécheresse. Elle voulait être sainte, c'est vrai. La sainteté est de l'ordre d'un appel. Une très belle page de la première lettre aux Ephésiens de saint Paul parle ainsi de cet appel : « Béni soit Dieu le Père de notre Seigneur Jésus Christ, il nous a bénis de toute bénédiction spirituelle dans les cieux en Christ, il nous a choisis en lui avant la fondation du monde pour que nous soyons saints et irréprochables devant Dieu. » (Ep 1, 3-4) Dieu nous appelle depuis toujours à devenir saints. Nous devons le vouloir, mais nous ne le deviendrons pas par nos propres forces.

Dans le Temple de Jérusalem, qu'est-ce que le Saint des saints ? C'est le lieu où Salomon a placé l'arche d'Alliance, la loi d'alliance entre Dieu et les hommes. Seul le Grand Prêtre peut y entrer. C'est un espace sacré d'union avec Dieu. Quand Jésus arrive au Temple, il dit : « Détruisez le Temple, je le rebâtirai en trois jours. » C'est lui désormais, le Saint des saints. La sainteté, c'est cette union spirituelle avec le Christ, si forte que nous en devenons l'image pour nos frères et sœurs.

Parvenir à une telle union est un chemin sur lequel il faut accepter de se laisser attirer par le Christ. C'est comme une force qui vient du Christ vers nous (« Je vous donnerai l'Esprit saint » a-t-il dit), pour nous attirer vers lui. Devenir saint, c'est se laisser attirer par cette force de l'Esprit vers le Christ, pour devenir l'image du Christ. Il nous attire et nous donne les fruits de cette attirance, les « fruits de l'Esprit », qui sont l'amour, la joie, la paix, la patience, la bonté, la bienveillance, la foi, la maîtrise de soi, la douceur. Tous ces fruits sont donnés par l'Esprit, et nous rendent saints.

Si vous témoignez de la joie, de la paix, de l'amour de Dieu, vous devenez saint.

C'est Dieu qui nous rend saints par la force de son Esprit. Au cours d'une réunion spirituelle des familles, j'entendais beaucoup de mères se plaindre d'avoir trop peu de temps pour leur vie spirituelle. Il faut se détendre dans la vie spirituelle et prendre le temps de laisser l'Esprit agir en nous. Il est bon de consacrer un peu de temps chaque jour à ce Dieu qui nous attire. Si je prends le matin ou le soir un petit moment pour communier avec Dieu dans la prière, c'est déjà une façon de me rendre disponible à l'action de Dieu en moi. C'est aussi le contempler, pour lui ressembler.

Pour devenir saint, on peut aussi approcher Dieu dans le sacrement de l'eucharistie. Le Saint des saints, c'est le Christ qui se donne à nous au cours de l'eucharistie. Et puis il faut tenter d'éviter l'idéalisme : un grand risque sur le chemin de la sainteté. Dans la mentalité française, on a du mal à s'évaluer, on préfère se comparer. C'est un grand piège que d'ailleurs l'Église elle-même nous tend, en nous proposant des figures de saints comme des exemples à suivre. Il vaut mieux se demander où on en est dans sa relation à Dieu qui nous rend saints, plutôt que de se comparer à tels ou tels saints qu'on idéalise… et qui nous font peur quelquefois, car ils nous paraissent si loin de nous !

Les saints de l'Église ont été des pécheurs comme nous, mais des pécheurs réconciliés avec Dieu, comme nous sommes appelés à l'être. Comment être saint finalement ? D'abord en remplissant son devoir d'état. C'est là où je suis que Dieu m'appelle à devenir saint, à mon bureau, dans ma famille. Le pape a récemment canonisé les époux Martin, voilà une belle image d'un couple de parents qui deviennent saints. La sainteté n'est pas réservée à une élite, elle est pour chacun, là où il se trouve aujourd'hui.

Le Christ nous donne ce commandement : « Soyez parfaits comme votre Père est parfait. » Mais nous ne retenons souvent que la première partie de la phrase : « Soyez parfaits » et nous pensons que nous devons devenir parfaits à la force du poignet. Mais c'est d'abord le Père qui est parfait et qui veut nous faire participer à cette perfection. C'est pourquoi la première prière des saints, c'est le « Notre Père », qui dit : « Donne-nous aujourd'hui notre pain de chaque jour », c'est-à-dire : « Donne-nous la nourriture dont nous avons besoin pour nous rapprocher de toi. » Quand nous disons : « Que ton nom soit sanctifié », nous disons : « Que je puisse être témoin, dans mon travail, dans mon quartier, dans ma famille, de ce beau nom de Dieu qui est l'amour. » Vouloir être saint, c'est demander à Dieu de nous rendre saints.

Le grand piège est d'idéaliser la sainteté. Acceptons que Dieu nous ait placés là où nous sommes. Je suis actuellement très pris par une thèse de théologie à rédiger, et je me dis parfois que je réaliserais mieux mon idéal de sainteté en étant missionnaire à Madagascar ou dans les quartiers de mon diocèse. Mais c'est à mon bureau que Dieu m'a assigné pour répondre à l'appel à la sainteté qu'il m'a adressé. Si je travaille dans un bureau où il y a beaucoup de malveillance, répondre à l'appel de Dieu consistera à semer de la bienveillance en ce lieu. La sainteté, c'est du concret, ici et maintenant.

Finalement, ce n'est pas si compliqué, à condition d'accepter véritablement que c'est Dieu qui nous rend saints et non nous-mêmes par nos propres forces. À nous de discerner quelle est la volonté de Dieu là où nous sommes. Il faut répondre à un appel, et discerner ce que le Seigneur veut de nous. C'est pourquoi on ne devient pas saint tout seul. On devient saint dans l'Église. Mon supérieur de séminaire disait cette phrase que j'aime à me répéter : « L'Église m'a donné beaucoup d'amis dont la fidélité a sauvé la mienne. » On doit s'encourager et se stimuler mutuellement dans la voie de la sainteté. L'Église abrite des charismes différents, chaque personne est unique et doit découvrir les charismes dont elle est dotée et qu'elle peut mettre en œuvre là où elle vit pour devenir sainte. Dans l'Église, on doit se supporter, c'est-à-dire se porter mutuellement dans la voie de la sainteté, en faisant partie d'un mouvement par exemple, au sein duquel on peut discerner avec d'autres comment répondre à l'appel de Dieu dans son entreprise ou dans sa famille.

On est souvent plus saint qu'on ne le pense. Il faut cultiver en soi la confiance, en s'évaluant, plutôt qu'en se comparant, comme un enfant bien-aimé de Dieu qui veut nous faire grandir. S'accepter ainsi, c'est la voie de la sainteté.

Être saint est un appel auquel il faut répondre généreusement, là où nous sommes et maintenant.

V

VIE SPIRITUELLE

Quelle espérance après la mort ?

Monique Durand-Wood, théologienne bibliste, travaillant auprès de personnes handicapées mentales, auteure du livre *Cap sur l'Espérance* (Cerf)

Parler d'espérance aujourd'hui semble à contre-courant. Le mot est chargé d'une connotation chrétienne, or nous vivons dans une société sécularisée devenue méfiante à l'endroit du langage religieux. Même certains chrétiens s'en méfient, persuadés que l'espérance porte seulement sur une vie après la mort. Certes, l'espérance s'étend au-delà de notre vie biologique, elle promet une lumière après le passage. Mais elle s'expérimente d'abord ici, au coeur de notre vie quotidienne. Sur quoi fonder son espérance si l'on n'a pas ressenti en soi la présence de plus grand que soi ? si l'on n'a pas touché les traces, dès ici-bas, d'un au-delà ? Or il y a bien des circonstances qui donnent de discerner ces premières lueurs.

Tout le monde ne porte pas cette espérance, ou du moins ne sait pas qu'il la porte car je la crois enfouie en chacun. Mais elle peut se dévoiler un jour ou l'autre. Elle peut grandir à bas bruit ou bien s'annoncer. Ce peut être à l'occasion d'une épreuve : celle-ci est tellement douloureuse qu'une force est requise pour la supporter, au besoin la traverser ; or cette force qui nous vient d'ailleurs, de plus loin que nous-même, cette force quelquefois étonnante, c'est un vent d'espérance. Mais l'espérance peut naître plus simplement de l'observation. Observer les êtres qui nous environnent, les constructions humaines, les prodiges de la nature, les regarder avec attention et bienveillance, nous donne de saisir une réalité beaucoup plus vaste que le monde des apparences. Ce n'est pas de l'ordre du raisonnement, mais ce n'est pas non plus fantaisiste ! Beaucoup de personnes ont expérimenté ce que des auteurs comme K. F. Durckheim et C.G. Jung appellent des « moments favorables », ou « lumineux », ou encore « étoilés » ; moments au cours desquels notre routine, nos habitudes, vont rencontrer quelque chose d'imprévu et de bouleversant, quelque chose qui semble nous élever hors de nous-même. Dans ces moments-là, où nous sommes saisis, une espérance peut se révéler, inattendue, et ne plus nous quitter.

Dieu est plein de surprises, nous dit le pape François. Pour avoir été à l'écoute, comme aumônier, de nombreuses personnes atteintes de maladies psychiques, je le crois volontiers ! Que de prières simples et pourtant informelles, que de commentaires d'évangiles surprenants ! On découvre avec ces personnes des expressions de la foi émouvantes de sincérité. Cela vient de ce qu'elles vivent un grand dénuement. Leur maladie dissout toutes les prétentions ordinaires. Elle brise les carapaces sociales. Elle défait les hypocrisies avec lesquelles nous faisons tant de compromis. Cette traversée des couches superficielles de l'être permet l'émergence de vérités humaines belles et profondes, et elle nous fait rencontrer l'espérance.

Espérance et espoir ne sont pas du même registre. L'espoir est important pour porter des projets. On a l'espoir d'accomplir telle réalisation. On a l'espoir qu'un proche malade va guérir, et pour atteindre cet objectif, on met en place une prise en charge. L'espérance, elle, attribue le même sens à la vie de ce proche, elle lui accorde la même valeur, qu'il guérisse ou non. Sans pour autant renoncer à combattre la maladie, l'espérance peut croire au sens même de celle-ci.

L'espérance dessine une vision d'éternité. Dans les mouvements divers qui nous entourent, chez les personnes qui vont et viennent, dans les objets que l'on déplace et qui s'usent, dans tout ce qui est empreint de finitude, l'espérance discerne de l'infini. Elle voit les signes d'altérité qui traversent notre monde étroit, désignant une réalité au-delà de nos barrières physiques et mentales. Dès lors, s'épanouit une confiance. L'espérance donne confiance en un Quelqu'un, un Ailleurs, voire une Conscience universelle si l'on adhère plutôt à une philosophie qu'à une religion comme dans certaines formes du bouddhisme, par exemple. Car s'il y a bien une espérance chrétienne, magnifiée par le Christ ressuscité, l'espérance rejoint une aspiration universelle.

L'espérance chrétienne, particulièrement, nous tourne vers des personnes que nous avons aimées et que nous aimerions retrouver. Je crois, pour ma part, en ces retrouvailles dans l'autre monde. À vrai dire, je crois que ces personnes demeurent en relation avec notre monde et avec nous. Ce n'est pas démontrable bien sûr. Cela relève de l'expérience intérieure. Il m'arrive de parler avec des personnes qui sont passées sur l'autre rive. Et j'ai la conviction intime qu'une forme de dialogue s'établit. Elles ne me répondent pas verbalement, mais je reçois d'elles une aide dans mes difficultés. Il y a, je le crois, une solidarité très grande dans le monde invisible. C'est ainsi que je comprends la communion des saints, que l'on célèbre à la Toussaint.

Après notre mort, la rencontre se fera autrement, mystérieusement, parce que nous serons entrés dans un amour plus grand. C'est l'amour qui invite à la rencontre : celui que nous portons aux personnes décédées, celui qu'elles nous ont porté, et l'amour divin qui enveloppe tout.

Comment, d'ici là, transmettre de l'espérance ? Les personnes atteintes de maladies psychiques réveillent notre espérance. Cela vient de la vérité de leur être. Mais aussi de leur demande religieuse qui est forte. Le religieux leur fournit des repères sécurisants et exaltants. Cette demande, qui vient bousculer nos représentations, ravive notre foi. Pour nous, aumôniers, leur transmettre une espérance, c'est d'abord être soi-même espérant, être en paix avec soi-même. Pour cela, prendre un temps d'intériorité avant la rencontre, se recueillir, se faire accueil. Alors, imperceptiblement, se créera autour de nous une atmosphère paisible.

Finalement, l'espérance, c'est contagieux ! Mais s'il arrive qu'une personne soit sans espérance, ou dans une telle désespérance que nous voilà impuissants, alors, il reste encore ceci : porter l'espérance de l'autre. Je crois beaucoup en cette espérance solidaire. Espérer pour autrui.

Dieu nous parle t-il en songe ?

Véronique Lévy, écrivain

Tout le Premier Testament est truffé de songes, comme celui de Jacob qui voit une échelle dressée vers le ciel, parcourue par des anges qui montent et qui descendent, Joseph, l'époux de Marie, qui voit en songe un ange venu le prévenir… Le petit Samuel qui se réveille toutes les nuits à l'appel de Dieu… Dans les songes, Dieu se fait connaître, il nous rejoint. Peut-être, quand nous sommes endormis, avons-nous le cœur qui écoute plus profondément parce que toutes les agitations du monde se sont elles aussi endormies et que le Seigneur peut opérer à cœur ouvert, comme quand il plonge Adam dans un profond sommeil pour pouvoir lui retirer délicatement la côte dont il fera Eve… Il ne s'agit pas d'une connaissance intellectuelle qui serait déconnectée du cœur, qui serait une connaissance prométhéenne. C'est une connaissance du cœur, de l'amour. Le verbe connaître est utilisé dans la Bible pour parler de l'union la plus intime, celle de l'homme et de la femme dans un acte d'amour et de création. Le verbe connaître parle d'une union profonde plutôt que d'une connaissance intellectuelle.

Les songes sont une façon pour Dieu de venir nous rejoindre dans le plus intime de nos vies, dans nos blessures, dans nos peurs, dans nos fragilités, à ce moment où l'intellect est en veille et où Dieu peut se déployer et rayonner. J'ai fait beaucoup de songes dont j'ai parlé dans mon premier livre et que j'ai retranscrits en poèmes, en prières dans mon deuxième. Quand j'étais très jeune, j'ai fait un songe dans lequel je suis encerclée par des hommes, en grand danger. Je m'arrache à ce cercle, je cours, je m'écroule à bout de souffle. Je lève les yeux, je suis devant une cathédrale dont les portes s'ouvrent, je me réfugie à l'intérieur et j'entends le battements d'un Cœur qui secoue tous les murs de la cathédrale. Je lève les yeux à nouveau et je vois le Christ en Croix gigantesque, les bras ouverts à l'infini. Il me dit, les battements de Son Cœur résonnant encore : « Que ton cœur de pierre devienne un cœur de chair ». Ses bras se détachent de la Croix et me pointent ; des deux plaies de Ses paumes ouvertes d'où s'écoule Son Sang s'échappent deux épées ; elles traversent la nef et transpercent mon cœur. Pour moi, c'est un songe prophétique. J'étais une adolescente qui ne fréquentait pas les églises, même si une amie m'avait parlé de Jésus. Je n'avais jamais entendu cette phrase que Jesus m'a dite en songe. Mes parents étaient des juifs laïques. Il n'y avait pas de bible à la maison. Et cette phrase, je l'ai découverte au catéchuménat des années plus tard. C'est une phrase du prophète Ézéchiel qui annonce le baptême.

Sur le moment j'ai bien senti qu'il y avait là quelque chose d'étonnant et de miraculeux. Et surtout une visite, une rencontre, une union si profonde que je n'ai jamais pu l'oublier. Au réveil, j'ai senti la profondeur d'un amour tel que je l'ai cherché ensuite, d'aventure en aventure, sans le trouver. J'ai cherché le visage de cet amour que je ne trouvais pas à travers des hommes que j'ai pourtant aimés, parce que c'était le visage du Tout autre, de ce Dieu qui terrasse la mort.

Cette expérience est celle de beaucoup de gens, notamment lors d'une conversion d'une religion à une autre, où Dieu se manifeste de manière plus musclée. Dans mon rêve, il a vraiment harponné mon cœur. Il l'a ouvert comme dans une opération à cœur ouvert. Dans un psaume, Dieu dit : « Tes sacrifices et tes holocaustes, je n'en veux pas. Ce que je veux, c'est un cœur brisé ». Un cœur brisé, c'est un cœur ouvert, un cœur donné. Le Seigneur voulait mon cœur, il veut notre cœur. De nombreuses personnes m'ont écrit pour témoigner qu'elles aussi avaient eu des songes dans lesquels le Seigneur s'était manifesté, mais elles avaient peur de passer pour folles si elles le racontaient. On vit dans un monde matérialiste et utilitariste, qui veut tout expliquer par la raison. Foi et raison ne sont pas incompatibles, mais tout n'est pas explicable. Il faut laisser la place au mystère, à l'infini de Dieu, ses pensées sont loin de nos pensées « comme l'Orient est loin de l'Occident ».

Ces songes sont plus fréquents au moment d'une conversion… C'est comme si Dieu employait les grands moyens. Comme s'il voulait absolument séduire une âme. Tout au long de ma vie, sa providence a précédé ma conversion, notamment avec cette amie qui m'a parlé du Seigneur lorsque j'étais enfant puis avec beaucoup d'autres évènements par la suite. Ce songe m'est arrivé à un moment où j'étais désorientée, perdue, en errance, et le Seigneur a sorti le grand jeu. Le prophète Osée dit : « Tu m'as séduit Seigneur et je me suis laissé séduire. » C'est vraiment cela. Il faudrait parler du désir, comme saint Augustin : « Que ta prière soit désir, que ton désir soit une prière. » On oublie souvent la dimension de l'eros dans la foi. Il y a l'agapè bien sûr, mais il aussi le désir, la soif de Dieu, qui n'est pas de l'ordre de la sentimentalité, mais qui est chevillé au cœur et aux entrailles. Ce songe a été une annonce, une prophétie, et surtout une mémoire vive dans ma chair et dans mon cœur, comme une empreinte, un sceau du Seigneur. Oui, à ce moment-là, il a harponné ma vie

Pourquoi faire dire des messes pour les défunts ?

P. Luc Forestier, prêtre de l'Oratoire et enseignant à l'Institut catholique de Paris

« Faire dire une messe », l'expression est courante, même dans la bouche d'un prêtre, mais elle est discutable. La messe est une célébration, et non un cérémonial, elle est une liturgie, c'est-à-dire une action du peuple chrétien. Mais c'est une très bonne question, qui évoque l'expérience de la communion des saints. Par la prière, par l'action liturgique, on transgresse les frontières géographiques et historiques. On peut être séparés par des milliers de kilomètres, ou même par des disputes ou des incompréhensions, on peut être séparés par la mort qui semble définitive et radicale. Mais par la prière et l'action liturgique, les deux frontières géographique et historique sont transgressées. Même une toute petite assemblée nous met en communion avec tous les chrétiens de tous les lieux et de tous les temps. Et quand nous lisons les écrits d'un saint du passé, comme Thérèse de Lisieux que le pape François affectionne, malgré l'écriture un peu vieillotte, le langage un peu fleuri, quelque chose se met à palpiter en nous. Et la frontière culturelle et historique est transgressée.

La prière est essentielle, elle permet de se relier aux autres. J'aime particulièrement le « Je vous salue Marie », qui dit à la fin : « maintenant et à l'heure de notre mort ». C'est une prière que chacun dit personnellement : « Je vous salue », mais qui nous relie aux autres : « à l'heure de notre mort ». Par cette prière, et par bien d'autres, on peut se rendre présent au moment ultime où quelqu'un arrive devant le Père. Même si l'on n'a pas pu être présent au moment du décès d'un proche, on peut y communier par la prière. Quant à la liturgie eucharistique, elle est la source et le sommet de la communion. Par l'action eucharistique, nous sommes rendus présents au moment de la mort et de la résurrection du Christ.

Quand nous célébrons une eucharistie pour les défunts, nous sommes mis en présence du Christ ressuscité, qui préside la liturgie à travers le ministre qui la préside en son nom. À travers le Christ, nous sommes en communion avec les personnes que nous avons aimées et qui ne sont plus là, et nous sommes aussi en communion avec les personnes que nous n'avons pas beaucoup aimées. De ce point de vue-là aussi, il y a une forme de transgression dans l'action eucharistique : nous sommes invités à entrer en communion avec tous.

Autrefois, on faisait célébrer des messes pour que les défunts « aillent au paradis ». Il est vrai qu'il y avait alors comme un grand marchandage : plus on faisait dire de messes pour un défunt, plus on était sûr qu'il prenne le bon chemin. Et il faut bien reconnaître que cette représentation a marqué le catholicisme, il en reste des traces. Mais si l'on veut bien examiner ce qui est célébré dans la liturgie, on voit bien que ce n'est pas ce qui est en jeu. Nous ne marchandons pas avec Dieu, c'est lui qui fait grâce, et nous acceptons librement de recevoir cette grâce.

Accueillir la grâce demande tout un cheminement, qui commence ici-bas et s'achèvera en Dieu le Père. La célébration eucharistique ne vise pas à faire avancer une cause, elle signifie que nous sommes en chemin, ensemble, y compris avec ceux qui sont déjà morts.

Dans la prière eucharistique, on prie pour les vivants, pour tous les défunts, et plus particulièrement pour tel ou tel quand une intention de prière a été demandée. On présente les personnes défuntes à la miséricorde de Dieu, il ne s'agit en rien d'un marchandage.

On est en communion avec ces personnes, on peut entrer dans un chemin de réconciliation avec elles qui sera achevé quand on les retrouvera. Cependant, hâtons-nous de nous réconcilier d'abord avec nos frères tant qu'ils sont vivants ! Ce qui n'est pas dénoué ici-bas ne pourra l'être que plus tard, en Dieu.

Nos défunts font toujours partie de notre vie, particulièrement ceux qui nous ont marqués : un membre de notre famille, un saint, un éducateur. En vieillissant, nous prenons de plus en plus conscience de ceux grâce auxquels nous sommes devenus ce que nous sommes. Et nous mesurons à quel point nous sommes encore en lien avec nos aînés, moi-même par exemple avec mes grands-parents décédés depuis longtemps, ou d'autres personnes encore qui ont beaucoup compté dans mon cheminement.

Ceux qui se demandent s'ils doivent continuer à faire célébrer des messes pour leurs défunts doivent poursuivre cette heureuse pratique, qui est aussi une très bonne occasion de provoquer un rassemblement avec les proches. Et l'avantage de la liturgie eucharistique, c'est que le mot « mort » y est publiquement prononcé, ce qui est rare dans notre société. Et, dans la liturgie eucharistique, on est plongé dans la mort et dans la résurrection. Pas seulement dans la résurrection, mais aussi dans la mort ; pas seulement dans la mort, mais aussi dans la résurrection.

Nous sommes appelés à la résurrection, et nous y sommes appelés dès maintenant. Nous sommes en route vers la mort et vers la résurrection, qu'il faut anticiper autant que possible. La résurrection, c'est accueillir vraiment la vie que Dieu veut pour nous, qui sera complètement renouvelée. Les récits des apparitions du Christ ressuscité sont la meilleure illustration, à travers une expérience et des mots humains, de ce qu'est la résurrection. Et le pardon et le service sont les deux lieux essentiels où s'expérimente la résurrection, qui est déjà à l'œuvre en nous, mais que nous ne goûterons que tout à la fin.

Le lien que nous gardons avec nos défunts fait partie de tout ce qui est à notre disposition pour cette marche commune, ce *synode* (*route* avec, en grec), comme dirait le pape François.

A-t-on oublié aujourd'hui ce qu'est le péché ?

P. Dominique Salin, jésuite
enseignant au Centre Sèvres

En réalité, je crois que le commun des hommes n'a jamais très bien su ce qu'est le péché. En effet, pouvoir parler de péché suppose d'avoir la foi, et d'avoir la foi au pardon. On ne peut croire au péché — car le péché est un objet de foi — que si l'on croit au pardon. Ce qui est d'actualité aujourd'hui, c'est le sentiment de culpabilité, dont nos contemporains sont malades, et qui engraisse les psychologues, les psychiatres et les psychanalystes. Mais la culpabilité, ce n'est pas le péché.

La culpabilité vous enferme dans le sentiment que vous n'êtes pas à la hauteur. La bonne nouvelle du Salut apporté par Jésus Christ est que ce sentiment d'être coupable, d'être en dette envers les autres et envers Dieu peut-être, la foi nous en délivre car elle nous révèle que Dieu est miséricorde et pardon. Il faut croire au pardon pour pouvoir peser ce qu'est le péché. Je pense que le fils prodigue, parti de chez son père avec son héritage, n'a réalisé l'énormité de ce qu'il avait fait que quand il s'est retrouvé, à son retour, dans les bras de son père. Le pardon de son père lui a révélé son péché. Le péché, au fond, est l'objet d'une révélation.

Quand on parle de péché, on parle de mauvaises actions. Mais le péché est beaucoup plus qu'un mensonge ou un vol. C'est un état, une réalité. Nous ne commettons pas des péchés, nous sommes pécheurs. Les gens qui viennent se confesser ont en tête de ne rien oublier de ce qu'ils ont fait de mal ; ce qui est impossible. Mais l'essentiel est de confesser, c'est-à-dire de reconnaître, que l'on est pécheur. « Je ne fais pas le bien que je voudrais faire, je fais le mal que je ne voudrais pas faire » (saint Paul, Romains 7) : tout le monde peut faire ce constat. C'est ce que nous reconnaissons quand nous nous reconnaissons pécheurs. Ensuite, nous pouvons préciser le mal que nous faisons et le bien que nous ne faisons pas, c'est important d'être conscients de nos limites, mais c'est de cela que Dieu nous sauve.

Il ne s'agit pas de bien connaître un code avec ses infractions, mais d'être conscient des complicités qu'il y a en nous avec des forces et des pulsions mauvaises, qui nous portent à la mort, au découragement, à la tristesse, à l'agressivité, à la violence… Et qui entretiennent en nous un ressentiment, un désir de vengeance, de l'envie, toutes ces choses qui nous détruisent et qui empoisonnent les relations humaines. Et cette prise de conscience m'appelle à faire un travail de lucidité sur moi, sur fond d'une confiance fondamentale en l'amour du Père, qui ne me fera jamais défaut, quel que soit le regard que je porte sur moi-même.

Aujourd'hui, certains ont le sentiment de vivre dans une société permissive, ce qui est un peu simpliste. En réalité, les gens ne pensent pas que tout est permis, ils souffrent du sentiment de culpabilité. L'idée que nous vivons dans une société hédoniste, dont les membres n'ont pas conscience du mal qu'ils font, ne correspond guère à la réalité. Les gens ont conscience que quelque chose ne va pas bien, en eux et dans le monde. On peut constater en revanche que les frontières entre le permis et le défendu, entre ce qui est souhaitable et ce qui ne l'est pas, sont mouvantes. Et il est vrai que l'état des mœurs a considérablement évolué depuis cinquante ans. Les chrétiens doivent peut-être endosser le rôle de veilleurs et ne pas se laisser endormir par le ronron ambiant. Ils ont un devoir de lucidité, mais sur eux-mêmes avant tout.

Ils ont le devoir de se réconcilier avec Dieu. L'Église catholique a sans doute abusé du sacrement de pénitence après le concile de Trente, lorsque le clergé était abondant. Aujourd'hui, comme seul le prêtre a le pouvoir d'absoudre les péchés, et que les prêtres deviennent de plus en plus rares, il y a problème.

Bien des erreurs ont été faites jadis dans la formation de la conscience des enfants. La génération de mes grands-parents, plutôt janséniste, était obsédée par le mal et le péché. Le petit François Mauriac se demandait en se brossant les dents le matin s'il n'avait pas par mégarde avalé un peu de dentifrice, ce qui l'aurait empêché d'aller communier. C'est une caricature bien sûr, mais qui reflète un état d'esprit qui n'a plus lieu d'être aujourd'hui.

Pour goûter la joie du pardon, il faut regarder le Christ dans les évangiles, qui préfère la compagnie des pécheurs et des malades. Contempler le Christ est très important. Dans la parabole du bon Samaritain, le blessé sur la route, c'est nous. Le bon Samaritain, c'est lui, le cœur touché de compassion, plein de miséricorde. En le regardant, on se laisse éveiller au sens de la miséricorde et du pardon.

La miséricorde que l'on reçoit de Dieu, et dont on doit essayer de faire bénéficier les autres. « Pardonne-nous nos offenses, comme nous pardonnons », c'est la dynamique de l'Évangile.

C'est dans l'intensité de la joie qu'on découvre la noirceur du péché.

Faut-il avoir peur de la fin du monde ?

**Pierre Martin de Viviés, bibliste,
enseignant à la faculté de théologie de Lyon**

La perspective de la fin du monde a pu faire peur et fait encore peur parfois à de nombreux chrétiens. On ne trouve pas cette idée de fin des temps dans tous les livres de la Bible. Je pense notamment à l'Ecclésiaste, pour qui le temps est cyclique, éternel, sans autre fin que celle des hommes. Cependant, pour la plupart des autres livres bibliques, il y a un commencement, et s'il y a un commencement, il peut y avoir une fin. Et c'est cette fin qui fait peur. Pas uniquement la fin du monde, mais aussi la fin de notre vie terrestre et aussi de toutes les structures que nous connaissons. Avec, au terme, la perspective d'un jugement qui peut en inquiéter certains.

Nous avons peut-être trop tendance à appliquer au jugement dernier les images de notre justice humaine, contemporaine, avec une comparution devant un juge d'autant plus inquiétant qu'il sait tout et qu'on ne peut rien lui cacher ! Jésus aborde le thème de la fin du monde dans le discours « eschatologique », présent dans les trois évangiles synoptiques. Ces textes offrent un autre regard, sur le jugement, qui est alors un jugement d'abord fondé sur la miséricorde.

Il y a une grande bienveillance dans le regard de Dieu sur nous. Mais certains passages, comme la parabole du jugement dans l'évangile selon saint Matthieu (Mt 25,31-46), peuvent paraître sévères : le Christ sépare et place à sa droite ceux qui seront invités à entrer dans la maison du Père, et à sa gauche ceux qui seront jetés dehors. Ce jugement se fait sur des bases éthiques : « J'avais faim et vous m'avez donné à manger »… Dans cette parabole, les justes n'ont même pas conscience d'agir pour le Seigneur, ils le font par amour du prochain. C'est l'amour, en fait, qui est le critère du jugement. (La même perspective peut d'ailleurs se retrouver dans l'Ancien Testament).

Je crois que la question qui nous sera posée au jour du jugement est similaire à celle que Jésus pose à Pierre à la fin de l'évangile selon St Jean : « M'aimes-tu ? » Si, du fond du cœur, nous pouvons dire au Seigneur « Je t'aime », même d'un amour imparfait (Pierre lui-même a trahi Jésus quelques jours auparavant), si cet amour réel et sincère habite nos cœurs, alors il n'y a pas lieu d'avoir peur.

La fin de notre vie, de nos amours, des liens que l'on a tissés, peut nous effrayer. Dans l'Ancien comme dans le Nouveau Testament, si on parle de la fin du monde, il ne s'agit pas d'une fin absolue. En ligne de mire, il y a toujours une nouvelle Création, un recommencement sur d'autres bases. Il y a une continuité entre le monde que nous connaissons et le monde à venir. En même temps, il y a des éléments de rupture. Pour un lecteur chrétien de la Bible, c'est la personne même du Christ qui assure cette continuité.

Le livre de l'Apocalypse donne à entendre les voix des défunts martyrs à la base de l'autel céleste (Ap 6,9). Ce livre envisage une réunification de ceux qui appartiennent déjà à la nouvelle Création avec ceux de l'ancienne, qui vivent encore en ce monde. Ni la mort, ni aucune force en ce monde, ne peuvent rompre l'unité du corps du Christ. La dernière image de l'Apocalypse montre, descendant du ciel, une Jérusalem céleste, nouvelle, magnifique. Mais on ne la voit pas atterrir ! On est encore dans un entre-deux. L'Apocalypse présente à la fois une Église terrestre qui monte vers le ciel, une Église céleste qui descend vers la terre, et les deux vont se réunir autour de la figure du Christ…

Quand cette réunification va-t-elle arriver ? C'est bien sûr la question qui travaille tout le monde ! Si vous voulez vendre un livre qui traite de la fin du monde, il faut annoncer une date, comme en 2012 l'apocalypse annoncée par le calendrier maya ! Jésus répond en Matthieu 24, 36 : « Quant à la date et à l'heure de ce jour, personne ne les connaît, ni les anges des cieux, ni le Fils, personne que le Père seul. » Vouloir deviner une date est donc assez vain. Dans son discours eschatologique, Jésus parle seulement de « signes précurseurs », mais à quel terme ?

Les guerres, les catastrophes, les famines ou les tremblements de terre, rien de tout cela n'est vraiment spécifique. Depuis deux mille ans, il y a eu beaucoup de guerres, d'épidémies et de famines, et il y en aura hélas encore… Jésus ajoute à ces signes précurseurs de la fin du monde le retour du Messie, présenté parfois comme un signe que personne ne pourra manquer, tel un éclair, parfois comme un voleur dans la nuit, furtif et discret : c'est au moment où vous ne vous y attendrez pas que le Seigneur viendra, restez donc sur vos gardes (Mt 24,43-44).

La fin du monde est souvent envisagée par ces textes dans un contexte de chaos, de violence, de guerre, qui peut légitimement effrayer. Mais pour les Chrétiens, la fin des temps est aussi l'objet d'une espérance. L'espérance que ce monde dans lequel nous vivons, marqué par la violence, la haine, le rejet de Dieu, puisse se terminer et s'ouvrir sur autre chose.

Nous pouvons donc aborder notre vie et sa fin, proche ou lointaine, dans l'espérance, en faisant nôtre le commandement de Jésus, le commandement de l'amour. La clé du Royaume est là, dans cet amour, qui peut se décliner de manière extrêmement variée, selon les personnes, les cultures ou les lieux, ce qui donne ainsi un caractère universel au message du Christ. Tout le monde peut aimer ! Mais il est aussi possible de rejeter cet amour. Et c'est un élément important dans le jugement : on ne peut pas être neutre, ne pas prendre parti… On entre dans le projet de Dieu ou on s'y oppose (Mt 12,30). Ce qui est attendu de nous, ce n'est pas un amour parfait, mais un élan du cœur qui nous porte vers autrui dans un mouvement sincère… Et pour savoir si l'on aime vraiment, il suffit d'en repérer quelques manifestations, comme faire passer l'autre avant soi ou encore continuer d'espérer, et d'aimer même quand on a failli. L'exemple de St Pierre est révélateur à ce propos. L'apôtre, après avoir renié Jésus, continue d'espérer et d'aimer son maître, tandis que Judas, sans espérance, va se pendre. Jésus confiera de grandes responsabilités à Pierre, et il savait pourtant très bien en l'appelant qu'il avait affaire à quelqu'un de fragile et de limité, comme chacun de nous ! À la suite des disciples de Jésus, attendons la fin du monde, non dans la peur et le découragement, mais dans la foi, l'espérance et la charité.

Quand on est vieux, comment prier ?

Dr Beatrix Paillot, gériatre,
membre de la communauté de l'Emmanuel

La vieillesse est une occasion de relire sa vie, de soupeser les événements de son existence, d'apprécier ce qui a été bon et ce qui a été moins bon. Cette relecture permet de retrouver le fil conducteur de sa vie et, si on a la foi, on peut la vivre sous le regard de Dieu. Cette foi peut-être plus ou moins grande. Avec la vieillesse, les personnes reviennent sur leur vie et se posent des questions. Cela ne se fait pas d'un coup car la vieillesse arrive insidieusement. Le départ à la retraite, même si on ne se sent pas encore vieux, est une étape importante où l'on s'intériorise davantage. Certains ont du mal à l'affronter et se lancent très vite dans de nombreuses activités. Mais c'est une occasion d'apprécier sa vie.

Il peut alors y avoir là une première forme de prière, consistant à rendre grâce à Dieu pour tout ce qui a été bon. Je vois des personnes en consultation qui ont ce sens de l'émerveillement, de la louange et expriment leur gratitude à Dieu. Je pense à une femme de 98 ans qui au début de la consultation m'a lancé : « Je remercie Dieu pour la vie merveilleuse que j'ai reçue. » Elle avait été une violoniste de haut niveau, et ses parents lui avaient offert un violon d'une très grande valeur. Quand je lui ai demandé si elle jouait toujours, elle m'a dit qu'elle avait vendu son violon pour aider un de ses petits-fils en difficultés financières. Même si cela lui avait coûté, elle était heureuse de ce sacrifice : « cela a sauvé son mariage ! »

Certains ont tendance à voir le beau et à estomper les mauvais souvenirs, tandis que d'autres se focalisent sur ce qui a été plus négatif. Nombreux sont les regrets exprimés dans le grand âge : « Je n'ai pas assez aimé mon mari, je ne me suis pas assez occupé de mes enfants… » La culpabilité empêche d'avancer et de retrouver l'équilibre intérieur. C'est l'occasion d'une deuxième forme de prière : présenter à Dieu ses pauvretés, que ce soit ses limites, ses blessures ou ses fautes. Un enjeu important est de distinguer les vraies culpabilités des fausses et de pouvoir s'ouvrir à la Miséricorde de Dieu autant que nécessaire. Il n'y a rien qui libère autant des culpabilités stériles que le sacrement de réconciliation.

Beaucoup de personnes âgées goûtent dans la prière la présence aimante et réconfortante de Jésus. Il est celui qui continue de donner sens à leur vie jusque dans leurs pauvretés et leurs faiblesses. Certaines personnes âgées très handicapées témoignent d'une intimité étonnante avec le Christ au point qu'elles en sont rayonnantes.

Le grand défi pour les personnes âgées est d'entrer dans la confiance. Certaines personnes voient en Dieu un juge impitoyable et ont peur de l'au-delà. Pourtant, la Miséricorde de Dieu est comme un océan d'amour face à la goutte d'eau que représentent tous nos péchés. Jésus n'attend qu'une chose, c'est qu'on lui remette toute notre misère. La parole : « *Jésus, j'ai confiance en toi* » est la clé toute simple qui permet de franchir tous les obstacles et de retrouver la paix intérieure.

On peut avoir mené une vie chrétienne bien remplie, et se trouver subitement, dans le grand âge, très démuni dans la prière. Il y a un orgueil de la jeunesse, qui guérit progressivement dans le dépouillement de la vieillesse. C'est ainsi que l'on retrouve son cœur d'enfant. Dieu se fait d'autant plus proche que l'on est petit et pauvre devant Lui.

Sainte Thérèse de Lisieux disait : « *J'arriverai au ciel les mains vides.* »

La pauvreté consentie ouvre le cœur à l'émerveillement. Un bon exercice est de s'entraîner chaque jour à chasser les mauvaises pensées et à repérer au moins trois aspects positifs dans sa vie pour en rendre grâce à Dieu. Même dans leurs limites, les personnes âgées peuvent apprendre à trouver un nouveau sens à leur vie. Je pense à une femme âgée dynamique qui s'est retrouvée très dépendante dans son lit. Elle a eu l'idée de s'engager à SOS amitié pour remonter au téléphone le moral de personnes qui avaient besoin de réconfort.

La vieillesse est une chance si on sait bien l'accueillir, car c'est l'âge de la gratuité, de la sagesse et de la contemplation. Si on prend soin de son cœur à la lumière de l'Évangile et qu'on chemine dans l'amour de Dieu et du prochain, on découvre le secret d'une vieillesse heureuse.

Qu'est-ce qu'une crise mystique ?

P. Dominique Salin, jésuite
enseignant au Centre Sèvres

Dans son livre *Le Royaume*, Emmanuel Carrère évoque la mystérieuse crise mystique qu'il a traversée pendant trois ans, et pendant laquelle il fut un chrétien très fervent. Qu'est-ce qu'on entend par « crise mystique » ? Le mot crise est un peu péjoratif ! On en parle comme d'une crise d'appendicite, comme quelque chose d'un peu maladif, mais surtout qui doit passer. Quant au mot mystique, est-ce qu'on parle d'une expérience paranormale, avec des phénomènes psychosomatiques bizarres, comme l'extase, la double vue, les stigmates, ce que symbolise une figure comme Thérèse d'Avila ? Ce n'est pas ce qu'a vécu Emmanuel Carrère, mais c'est ce que connaissent pas mal de gens. Ce sont des phénomènes naturels qui ne sont pas tous propres au christianisme et se retrouvent dans toutes les cultures. En revanche, ce qu'a peut-être expérimenté Emmanuel Carrère, et qui peut être vécu par de nombreuses personnes, c'est qu'il y a de l'autre en moi. Qu'il y a un autre en moi. Qu'il y a en moi plus grand que moi. C'est l'expérience d'être habité, d'être dépassé, et même parfois submergé.

Qui est cet autre ? Voilà le mystère. Celui qui en a parlé le plus brièvement, c'est Arthur Rimbaud dans sa formule célèbre : « "Je" est un autre ». Il me semble que beaucoup de gens ont fait cette expérience au moins une fois dans leur vie, même s'ils ne s'en sont pas rendu compte sur le moment. L'expérience qu'on était un peu étranger à soi-même, qu'il y avait en soi un autre que le moi habituel.

La crise mystique, selon moi, c'est la découverte brutale qu'il y a un autre en moi. Un autre qui prend de la place et qui vous donne le sentiment d'être le spectateur plutôt que l'acteur de ce qui se passe en vous. À ce niveau-là, c'est une expérience de passivité. Cela peut être aussi, ou en même temps, l'expérience que ce monde qui nous entoure nous parle d'autre chose, d'un autre monde, notamment à travers des expériences esthétiques. Devant la beauté, nous faisons l'expérience qu'il existe un autre monde, plus vrai, plus authentique que ce monde-ci. C'est ce dont parle Platon, ou Baudelaire dans son fameux poème « La nature est un temple où de vivants piliers… »

On peut faire cette expérience en se référant à Dieu, ou pas. Dans une lettre célèbre à Freud, Romain Rolland parlait d'un « sentiment océanique », une impression d'être dans un monde mystérieux, qui nous dépasse, et que la science n'expliquera jamais totalement. Jean-Jacques Rousseau a lui aussi éprouvé ce sentiment, et André Comte-Sponville l'évoque lui aussi dans un livre au titre significatif : *L'esprit de l'athéisme, pour une spiritualité sans Dieu*. Il y raconte qu'il a fait au cours d'une promenade en forêt ce genre d'expérience-là. Mais il refuse d'y mettre le nom de Dieu. Et je le comprends très bien. Nous sommes tous des mystiques en puissance. La beauté qui nous transporte hors de nous-mêmes peut nous donner cette impression que le mystère devient palpable.

Pour certaines personnes, c'est une expérience ponctuelle qui ne changera pas leur vie. Beaucoup d'ailleurs ne s'en aperçoivent pas sur le moment. Chez d'autres au contraire, cette expérience peut avoir un caractère traumatique et les marquer durablement. Des exemples célèbres :

Paul Claudel à Notre-Dame, ou André Frossard, ont fait l'expérience tout à coup d'une révélation, d'une quatrième dimension, l'expérience d'un autre qui a changé leur vie.

Ils ont vécu une conversion qui a été durable. Chez d'autres, cela peut être ponctuel, comme c'est le cas d'Emmanuel Carrère qui dit avoir vécu cela pendant trois ans. Et qui dit que même si elle s'est délitée peu à peu, il ne peut pas qualifier cette expérience d'illusion. Il ne veut pas dire qu'il est croyant, mais il ne veut pas dire non plus qu'il ne l'est pas et j'apprécie sa réserve, cette pudeur devant quelque chose qui n'est pas facilement intégrable dans une vie. Certains l'ont intégré et sont devenus des chrétiens pratiquants, durables, d'autres non. Cela dépend de chacun et des mystères de l'existence.

Cette expérience peut être traumatique, mais un traumatisme n'est pas nécessairement négatif. Dans le cas de Claudel, ce fut un séisme intérieur qui a été positif. Chez d'autres, cela peut être difficile à intégrer, cela peut même provoquer des ravages, tout dépend de la personnalité et de la solidité psychique de la personne, qui peut vivre cette expérience sur un mode dramatique, douloureux, ou pire encore.

Cela peut se vivre aussi sereinement, ou sérieusement, je pense à Simone Weil qui a connu ce genre d'expérience, mais pas sur un mode spectaculaire ou dramatique.

Peut-on avoir une relation directe avec Dieu ?

P. Miguel Roland-Gosselin, jésuite,
église Saint-Ignace (Paris)

Entrer en « relation » avec Dieu, percevoir sa présence, établir un « échange » avec lui, tout cela est d'une étonnante prétention. Et si vous ajoutez que la relation doit être « directe », autrement dit immédiate et sans intermédiaire, vous poussez la prétention au-delà du raisonnable. Mais vous avez raison.

Pourquoi Jésus nous a-t-il invités à appeler Dieu « Notre Père » si nous n'avions pas, et lui le premier, le bonheur de nous entretenir avec lui comme font des fils avec leur père ? Que serait ce père qui ne se laisserait pas approcher, avec tendresse et intimité ? Quant à Jésus, c'est clair, il entretenait un cœur-à-cœur avec Dieu. On nous rapporte cet épisode : Jésus « exulta de joie sous l'action de l'Esprit et s'écria : Père… » (Luc 10,21). Nous assistons là, pour le moins, à ce qu'en langage spirituel on appelle une « consolation sensible ». Jésus éprouve sensiblement la présence brûlante de Dieu, et elle le fait chanter. Or y a-t-il rien de l'expérience du Christ qui nous soit refusé ? Quand saint Paul dit : « Ce n'est plus moi qui vis, c'est le Christ qui vit en moi » (Galates 2,20), n'est-il pas en train de nous affirmer sa lumineuse consolation spirituelle ? Les disciples d'Emmaüs, prenant conscience de leur « cœur brûlant », commençaient à découvrir l'œuvre de l'Esprit.

La question n'est donc pas, me semble-t-il, de savoir si l'on peut avoir une relation avec Dieu ; elle est plutôt de se rendre disponible à une telle relation, d'apprendre à s'en réjouir et d'y puiser un dynamisme pour vivre. Dieu n'en finit pas d'être à notre recherche. Comme dit joliment l'Apocalypse, il frappe à la porte : « *Je me tiens à la porte et je frappe. Si quelqu'un entend ma voix et ouvre la porte, j'entrerai chez lui et partagerai le repas, lui avec moi et moi avec lui* » (Ap 3,20). La tâche est donc d'aiguiser son attention pour entendre Dieu qui frappe à la porte et pour l'accueillir.

Formés aux *Exercices spirituels* de saint Ignace, la première leçon spirituelle que donnent les jésuites est la suivante : ne jamais se coucher sans avoir pris le temps de s'arrêter sur la journée écoulée, en tête-à-tête avec Dieu. Le risque est trop grand d'enchaîner les heures et les jours en les survolant, sans prendre garde à Dieu qui frappait à la porte. C'est pourquoi nous dirons à Dieu *merci*, *pardon* et *s'il-te-plaît*. Ce sont les mots qui structurent toute relation, ils ont forgé notre civilité et ils s'adressent avant tout à Dieu. Je réfléchis sur ce qui s'est passé aujourd'hui, je laisse émerger mes motifs d'action de grâce, et ma journée prend une épaisseur nouvelle : cet ami que j'ai rencontré, cette parole constructive échangée, etc., tout cela aurait pu s'enfouir, or j'y reconnais la présence de Dieu. Merci mon Dieu. Et ce malheureux que j'ai croisé dans le métro, n'était-il pas lui aussi, de quelque façon, présence de Dieu ? Qu'avait-il à me dire ?

Et nous savons bien sûr par quel autre moyen Dieu « parle » et se fait connaître : quand nous lisons les Écritures. À force de marcher avec Jésus sur les routes de Galilée, à force de le regarder, de l'écouter, d'entrer dans ses sentiments, peut-être découvrirons-nous Dieu qui nous éduque de l'intérieur. Des leçons de vie se formulent en nous, une sensibilité nouvelle se déploie. Cela s'observe chez les saints, et ils ne sont pas toujours très loin.

Avec tout cela, avons-nous rencontré Dieu « face à face » ? Jacob ose dire oui (cf. Genèse 32,30). On nous rappelle pourtant que « Dieu, nul ne l'a jamais vu » (saint Jean). C'est évidemment vrai : aussi « directe » que soit une relation avec Dieu, elle demeure « à distance ». N'en est-il pas d'ailleurs ainsi avec quiconque, même avec un père ou une épouse ? Qui plus est avec Dieu. Aussi intime et franche que soit notre intimité avec le Seigneur, lors même que nous nous entretiendrions avec lui « comme un ami avec son ami » (saint Ignace, après Moïse en Ex 33), Dieu restera en définitive inaccessible. Nous n'en finirons pas de tendre vers lui davantage. Lui ne se lassera pas de nous tirer à lui davantage. Il en sera ainsi jusqu'au terme, quand enfin nous nous entrerons « dans la pleine vision » et que, dit Paul, « Dieu sera tout en tous » (1 Corinthiens 15,28).

Peut-il y avoir une vie spirituelle sans Dieu ?

P. Dominique Salin, jésuite
enseignant au Centre Sèvres

Beaucoup de gens mènent une vie spirituelle mais refusent de la placer sous le signe de la foi en Dieu, et notamment celui des chrétiens. Cela se comprend parfaitement. La vie spirituelle n'est pas l'exclusivité des chrétiens ou des croyants. La Bible dit : « L'Esprit a été répandu sur toute chair ». Tout être humain a dans sa vie une dimension, dont il est plus ou moins conscient, qu'on peut qualifier de spirituelle, c'est-à-dire ouverte sur l'Esprit saint. Certains ne prêteront jamais l'oreille à cette voix de l'Esprit en eux, d'autres mèneront une vie spirituelle sans Dieu…

L'exemple le plus connu, le plus contemporain, est celui d'André Comte-Sponville qui a écrit *L'esprit de l'athéisme, pour une spiritualité sans Dieu*. C'est semble-t-il le reflet de sa propre expérience. Il a une vie spirituelle qu'il refuse de placer sous le signe de Dieu.

Ce qu'on appelle alors « vie spirituelle », c'est le sentiment, la conviction, qu'on est habité par un autre que soi. Ou du moins que mon moi quotidien, conscient, est limité, et qu'il y a en moi plus profond que moi. Et la psychanalyse a confirmé en effet qu'il y a en moi autre chose que ce que je crois. « "Je" est un autre », dit Rimbaud, et cet autre se manifeste notamment dans les rêves. Nous nous réveillons parfois le matin en nous demandant où nous sommes allés chercher tout cela. Les religions savent que le moi profond, la réalité de ce que je suis, m'échappe en grande partie. Les sciences n'arriveront probablement jamais à épuiser cette profondeur-là. C'est cette dimension particulière de l'existence qui se manifeste dans les rêves, mais aussi dans le bonheur, dans la joie qu'on peut éprouver en écoutant de la musique, en regardant un tableau… Ce sentiment, il n'est pas besoin d'être chrétien pour l'éprouver.

Ce qui distingue une vie spirituelle athée d'une vie spirituelle chrétienne vient du fait que l'expérience spirituelle chrétienne, pour s'exprimer et pour se vivre, considère que la matrice, le modèle de cette vie, son moule, c'est l'expérience du Christ. C'est la personne du Christ comme homme qui fournit sa matrice à l'expérience spirituelle chrétienne.

Pour les chrétiens, ce « je » qui est autre et qu'on a tous en nous-mêmes, c'est le Christ. Quand saint Paul dit : « Ce n'est plus moi qui vis, c'est le Christ qui vit en moi », est-ce une simple formule, ou doit-on le prendre au sérieux ? Le spirituel chrétien, qu'il s'appelle Jean de la Croix, Thérèse d'Avila ou Ignace de Loyola, prend cette affirmation au sérieux. Et se dit que le Christ vit en lui depuis son baptême, et qu'il doit le laisser vivre en lui.

Le chrétien se reconnaît dans la personne du Christ, et il croit, car c'est de l'ordre de la foi et non de l'évidence, que cet autre qui parfois prend la parole en lui, qui lui suggère des choses, c'est le Christ, ou l'Esprit du Christ.

C'est celui-là dont certains contemplatifs nous disent qu'il prend en eux toute la place, et nous mêmes devons essayer de lui donner le plus de place possible. Mais même les grands mystiques comme Jean de la Croix disent qu'une existence ne suffit pas à lui donner toute la place. Cette affirmation peut paraître très abstraite, mais elle prend deux formes précises qui permettent de marquer la spécificité de l'expérience spirituelle chrétienne. D'abord, c'est une expérience qui est personnalisante. Le Christ est une personne, Dieu a voulu être une personne humaine et il veut que chaque homme soit une personne humaine. Le dogme de l'Incarnation nous invite à considérer que l'expérience spirituelle ne doit pas être « dépersonnalisante ». C'est ce qui fait une différence avec certaines spiritualités asiatiques, pour parler très grossièrement. L'expérience mystique de la Grèce païenne antique et les spiritualités orientales sont plutôt « dépersonnalisantes ». Il s'agit de se laisser dépouiller de soi-même, voire de se laisser dissoudre dans le grand tout.

Dans l'expérience chrétienne, on fait d'abord l'expérience que quelqu'un est en nous, et que ce quelqu'un nous invite à être nous-mêmes et nous révèle à nous-mêmes. Paul Claudel, quand il essaie de dire les quelques mots qui se sont imprimés en lui au moment de son coup de foudre dans Notre-Dame de Paris, écrit : « Dieu est là, Dieu est quelqu'un, c'est un père, il me dit : Tu es mon enfant. » Saint Paul entend au moment de sa conversion : « Je suis Jésus que tu persécutes. » C'est quelqu'un qui parle à quelqu'un. Voilà ce qui fait, je crois, la singularité de la mystique chrétienne : une relation de personne à personne, qui est personnalisante et dans laquelle la parole joue un rôle capital. Les chrétiens qui ont vécu cette expérience ont eu l'impression que quelqu'un leur parlait, et cela les a fait parler à leur tour. Et ils ont eu besoin d'en parler. Ne serait-ce que pour vérifier que ce qu'ils ont vécu n'était pas complètement aberrant.

C'est une expérience de communication. Elle fait parler. Au moment de la Pentecôte, alors que l'expérience spirituelle dans le monde grec invite au mutisme, ces hommes qui étaient enfermés sur eux-mêmes sortent et se mettent à parler aux gens qui étaient là.

Si Dieu sait tout, pourquoi prier ?

Avec Marc Pernot,
pasteur de l'Oratoire du Louvre à Paris

On voit bien le paradoxe : Dieu sait tout, à quoi sert-il alors de lui dire quelque chose ? C'est intéressant de creuser les paradoxes, parce qu'en théologie, c'est un peu comme en sciences : c'est aux limites de la théologie et de la réalité, quand quelque chose coince, que l'on peut progresser, découvrir quelque chose de neuf et cheminer. Quelque chose de neuf sur Dieu, sur la prière, sur la façon dont la prière fonctionne… Ce sont des questions fondamentales. Et je crois que Dieu n'a rien à craindre de la réflexion et de l'intelligence. L'intelligence est une bénédiction de Dieu, et le Christ ouvre notre intelligence, il la libère. Pas seulement pour les grands théologiens. Il en fait un devoir pour chaque croyant. Quand il dit que l'essentiel est d'aimer de tout son cœur, de toute son âme et de toute sa force, ce qui reprend les termes de la prière juive du Shema Israël, il ajoute : « de toute son intelligence ». Voilà qui autorise à se poser des milliers de questions !

Alors, est-ce que Dieu sait tout de nous ? La Bible, très souvent, nous le montre surpris. Il laisse les hommes à leur autonomie, s'absente, revient, s'exclame : « Ah ! Voilà ce qu'ils ont fait », essaie de rectifier le tir et d'accompagner. C'est une image bien sûr, mais qui montre une part de vérité. Dieu se laisse surprendre par les hommes. On le voit souvent tenir compte de leur avis. Quand les Hébreux par exemple demandent un roi pour être comme les autres nations, Dieu répond par la voix de Samuel qu'il n'y est pas favorable. Et puis les Hébreux insistent, ils trouvent un roi, et Dieu les accompagne sur ce chemin-là. Dieu écoute les projets des hommes et se laisse surprendre par leurs décisions.

On peut aussi donc prier Dieu pour partager ce qu'on a dans le cœur : des peurs, des craintes, des blessures, ou des projets… C'est une façon de s'ouvrir à l'action de Dieu dans notre vie pour qu'il vienne nous travailler.

À quoi sert-il de demander à Dieu d'intervenir quand on prie pour une personne malade ? Dieu ne sait-il pas qu'elle est malade, que tel pays est en guerre ou connaît la famine ? À quoi sert-il de le lui dire ? Faut-il se réunir en grand nombre pour le prier avec suffisamment de force pour le convaincre de changer le cours des choses ? Effectivement il y a là un problème. Dieu sait très bien quand quelqu'un est malade ou a faim. Il n'a pas besoin qu'on le convainque, qu'on le convertisse, qu'on renforce son amour, comme s'il n'aimait pas assez… Il n'est pas bon de parler à Dieu pour lui donner des ordres. Mais on peut partager avec lui nos souffrances et nos désirs, comme Jésus, en disant : « Non pas ma volonté, mais la tienne. » Tu sais mieux que moi ce qu'il y a à faire. Mais oui, vraiment, on peut partager avec Dieu ce qu'on a sur le cœur, pour s'ouvrir à sa volonté et à son action en nous.

Je crois qu'il vaut mieux nous ouvrir à Dieu, plutôt que de chercher à le commander, tout en sachant qu'il tient compte de ce que nous pouvons lui dire. Nous ne prions pas en vain quand nous lui disons ce que nous avons sur le cœur, il en tient compte, il nous accompagne.

Pour parler ainsi à Dieu, de tout notre cœur, il faut se lancer et le laisser faire. On a souvent dans l'idée que prier, c'est parler. Mais il faut se taire aussi pour le laisser répondre. Faire silence, c'est ce qu'il y a de plus difficile. Les moines et les moniales y travaillent sans cesse. Car c'est dans le silence que Dieu peut travailler en nous.

Peut-être qu'après les mots peut venir un Amen, qui signifie : Maintenant, Seigneur, travaille en moi, faisons équipe pour avancer et poursuivre la création du monde, faisant avancer la vie, le bonheur, la paix, la santé, l'épanouissement de chaque personne et de chaque créature.

Quand on a confié à Dieu une personne malade et qu'elle décède, quand se produit un événement tragique que l'on n'aurait pas voulu, on est déçu. Il vaut mieux donc ne pas penser à faire plier Dieu pour qu'il entre dans notre volonté. Pourquoi Dieu n'a-t-il pas fait ce que je lui ai demandé ? Je ne l'ai pas assez bien prié ? Dieu ne m'aime pas assez ? Cela n'a pas de sens, car l'amour de Dieu et sa volonté de bien pour chacun de nous sont infinis de toute façon. Il faut accepter que Dieu ait son chemin, et qu'on ne puisse pas forcément le comprendre. Catholiques comme protestants, de nombreux théologiens disent que Dieu n'est pas tout-puissant, et que même un million de personnes priant pour un enfant qui se meurt de leucémie ne parviendront pas forcément à le guérir. La dernière Traduction œcuménique de la Bible et la nouvelle édition de la Bible Segond ont renoncé à traduire *el Shaddai* par Dieu tout-puissant, mais l'ont traduit par « Dieu puissant ». Dieu a une dynamique d'accompagnement et d'amour, mais si quelqu'un est malade, il faut appeler des médecins pour le soigner et faire des recherches contre le cancer. Dieu ne peut pas forcément guérir tous les cancers. Il y travaille. Il met aussi les humains au travail. Et quand cela ne marche pas, il nous accompagne pour nous faire porter ces souffrances, les uns avec les autres.

Comment garder foi en Dieu malgré les déceptions de la vie ?

P. Sylvain Gasser, assomptionniste

Si une personne me demandait comment garder la foi alors même qu'elle est déçue par les événements de la vie, j'essaierais d'abord de comprendre quelle est la nature de ses déceptions, d'écouter son histoire et de voir d'où cette question surgit. Ainsi formulée, la question suggère que la personne subordonne sa foi à des conditions : je veux bien avoir la foi à condition qu'elle me préserve du malheur, de la déception. Or la foi n'est pas de cet ordre-là. La foi ne règle pas tout. D'une certaine manière, on peut dire la même chose de l'amour. Quand deux personnes décident de se marier religieusement, elles s'aiment suffisamment pour se dire oui pour toujours. Mais ce oui ne leur garantit rien. Elles vont devoir vivre ce oui avec les tourments du non. C'est pareil pour la foi. Avoir la foi, c'est reconnaître que le Christ est mort et ressuscité pour moi. Pour autant, ma vie va devoir se débrouiller avec les questions du mal, du malheur et de la souffrance, avec tout ce que je ne veux pas, mais qui viendra, d'une manière ou d'une autre, se pointer à ma porte.

J'inviterais cette même personne à relire l'histoire d'Abraham et à réfléchir sur sa foi. Abraham entend Dieu lui dire : « Va vers le pays que je te donne, et tu auras une descendance aussi nombreuse que les étoiles dans le ciel. » Tout riche et puissant qu'il est, il part, il quitte sa terre pour devenir un nomade. Et toute sa vie, il va rencontrer des désillusions : une terre hostile, une terre aride. Quant à sa femme Sarah, stérile, elle ne peut pas lui donner des enfants, lui à qui Dieu a promis une nombreuse descendance ! Malgré ces déceptions, Abraham continue de croire. C'est cette foi qui nous est donnée en exemple. La foi d'Abraham est affaire de confiance, non de mainmise. C'est comme si nous donnions à Dieu un chèque en blanc sans lui demander des garanties : la foi d'Abraham est une foi à crédit au sens littéral du mot ! Parfois, c'est vrai, nous

nous demandons où est Dieu. Nous avons besoin de lui, mais il n'est pas là.

Claude Vigée, un poète juif alsacien, écrit, à propos d'Abraham : « La foi fait de nous des malgré-tout ». Malgré tout ce qui peut briser cet élan qui nous pousse à dire « Seigneur, je crois en toi », il faut continuer d'avancer et de croire. Dans l'évangile de Marc, un père demande à Jésus de sauver son fils atteint de convulsions. Jésus, un peu agacé, le pousse dans ses retranchements, et le père finit par dire : « Je crois. Viens au secours de mon manque de foi ». Il dit d'abord « Je crois », il ne dit pas : « Viens à mon secours pour que je croie ». C'est comme l'amour. L'amour est premier, mais il faut ensuite s'accorder, s'harmoniser, vivre ensemble… Où plaçons-nous notre foi ? Devant certains événements de la vie, on est totalement démuni. Cela nous demande de retravailler notre foi. Sur quoi la faisons-nous reposer ?

On peut relire sa vie et y repérer aussi des moments heureux, des moments de grâce. On ne peut faire ce travail seul, on a besoin de quelqu'un pour nous guider et nous aider à voir les bonnes choses de notre vie. Certes, dans les moments les plus noirs, il est difficile de croire et d'aimer, mais avec du recul, on peut voir l'œuvre de Dieu dans notre vie.

Ce discernement est difficile à accomplir quand on est plongé dans le désespoir. C'est pourquoi il est important de vivre en Église, avec des frères et des sœurs qui nous aident, nous guident et nous rassurent. Le doute, au moment de l'adversité, fait partie inhérente de la foi.

Quand aux personnes qui disent qu'à force d'adversité, elles ont perdu la foi, il faut d'abord considérer ce sentiment d'abandon. Perd-on la foi comme on perd ses clés ? Qu'est-ce qu'on a perdu ? Peut-être certaines images, certaines illusions. Le Christ nous dit souvent dans les Évangiles : « N'ayez pas peur ». Mais attendons-nous à avoir peur et à douter, et sachons replacer ces doutes et ces craintes au cœur de la foi. C'est peut-être cela qui nous est demandé, et que je retrouve dans l'histoire d'Abraham et dans les Évangiles.

Ce n'est pas une foi de tout repos, le Christ ne nous a jamais promis une vie facile ! Mais il nous donne l'assurance qu'il est à nos côtés. Nous avons reçu de lui une parole de bénédiction, une parole qui nous relève. C'est le sens de la résurrection du Christ. Cela ne nous rend pas plus forts que les autres, mais cela devrait nous ôter les déceptions qui nous amènent à dire : « Je ne crois plus en toi, tu ne m'as pas donné une vie belle ». La foi n'est pas de l'ordre du donnant-donnant. Elle est de l'ordre du don.

Peut-on se passer de la prière ?

Christiane Rancé, auteur de *Prenez-moi tout mais laissez-moi l'extase* (Seuil)

Je ne crois pas qu'il existe sur cette terre une seule personne qui n'ait jamais prié, au moins une fois dans sa vie. Même le plus athée des hommes, je suis convaincue qu'il a lancé au Ciel la forme d'une prière. Et pourtant, il est difficile de prier, de trouver les mots et l'élan pour le faire. Déjà, les disciples du Christ avaient avoué leur difficulté, et demandé à Jésus de leur apprendre comment s'adresser à Dieu, qui leur avait alors enseigné à dire le Notre Père. On peut donc apprendre à prier, même si la prière reste une parole originelle, qui monte aux lèvres dans les moments cruciaux de l'existence. Elle vient spontanément au coeur de tout homme, quelle que soit sa religion parce que la prière exprime toujours un éclat intense de liberté et de vérité. La beauté comme la douleur l'inspirent. Sa parole vient de l'âme et va vers autrui, — Dieu si l'on y croit, l'Autre en soi si l'on en a conscience, ou son prochain.

On peut prier sans croire, jusqu'au blasphème qui est une forme de prière négative. Prier exprime un désir de sens et l'attente d'une présence, le sens de notre vie et la présence de l'amour unique à la recherche duquel nous sommes tous lancés.

Pour les chrétiens, il y a différentes formes de prière. Si la religion est la langue maternelle de l'âme, la prière est son solfège. On doit pouvoir faire des gammes. Les prières du « Je vous salue Marie » ou du « Notre Père » permettent d'entrer dans le Verbe saint, dans le lieu très particulier de la rencontre avec Dieu, avec l'Ineffable.

Lancer sa prière, réciter un rosaire ou un chapelet permet d'entrer en soi, d'ouvrir une à une les porte des sept demeures de son âme comme en a témoigné sainte Thérèse d'Avila. On peut prier en communion avec d'autres et dès lors se porter mutuellement par la prière. Simone Weil parlait de ces autres « qui nous font la grâce d'exister ». On s'appuie sur la prière d'autrui pour mieux aller vers Dieu.

Mais on peut aussi prier seul, comme Jésus l'a enseigné, en se repliant dans la chambre la plus secrète de sa maison, à l'abri des regards et des bruits.

On parle aujourd'hui d'autres formes de prière : la lectio divina, l'oraison, la méditation… À chacun sa méthode, selon la culture qu'il a reçue. Si, quand vous étiez enfant, on vous a appris ce grand moment d'abandon, même si vous ne compreniez pas vers quoi il menait, si un parent vous a enseigné à vous recueillir lors d'un moment particulier de la journée, pour prier et recommander ceux que vous aimez à Dieu, alors il vous sera plus facile de renouer avec cette habitude délicieuse. Mais si vous n'avez jamais été invité dans votre enfance à cette liturgie, aucune inquiétude : les mots viendront très vite, avec leur douceur, dès que vous parlerez en vérité. L'essentiel est la sincérité avec laquelle vous priez, et la présence que la prière vous permet de trouver et de rencontrer. Dans tous les cas, cette liturgie est à tenter avec ses enfants, ou ses petits enfants. Je n'en connais aucun, dans la douceur de l'abat-jour, au creux de son lit, la main dans la vôtre, qui ne s'abandonne pas à la suavité de ces mots répétés tous les soirs au creux de son oreille, et qui finissent par la recommandation à Dieu et à la Sainte-Vierge de ceux qu'il aime.

La prière appelle une présence, jamais une réponse. La vraie prière amène à sortir de soi, à abandonner son ego, à se vider de toute vanité pour s'emplir de Dieu. La prière ne consiste pas à demander la satisfaction d'un désir matériel, mais à se débarrasser au contraire de tout ce qui nous encombre pour aller à la rencontre du Tout-Autre. Je crois que dans la prière, Dieu se fait tangible, mais ce qui fait toute la difficulté de la prière, c'est que Dieu n'a pas à répondre. C'est à nous d'aller vers lui et nous le rencontrons au fur et à mesure que nous savons nous dépouiller. Les grands mystiques ont eu la chance de découvrir l'extase, l'union avec Dieu. Elles demandent un immense travail d'oubli de soi pour que seule l'âme étincelle. Maître Eckhart ne disait-il pas que seul l'ego brûle en enfer ?

Je me suis intéressée à l'extase. Y parvenir exige de s'exercer avec tout son vouloir comme un musicien fait ses gammes avant de jouer. C'est une façon de sanctifier la Création, de s'oublier entièrement, pour entrer dans la perception et la contemplation de la beauté de la Création, dans ce moment d'amour unique dans notre existence terrestre.

Peut-être y a-t-il une part de folie dans l'extase ? Alors soyons fous !

Il faut d'abord mettre ses pas sur le chemin qui nous conduit vers l'autre : « Nul n'ira à Dieu s'il ne passe par moi », dit Jésus. C'est un cheminement par étapes : aller d'abord vers le Christ qui nous a laissé sa parole et qui a déposé en nous son Esprit, qu'il faut dès lors tenter d'exalter et de déployer. Pour cela, on s'ouvre aux autres, avec charité et bonté, en les écoutant. On accepte avec gratitude ce qu'ils peuvent nous donner, comme on apprend à leur donner avec délicatesse, sans ostentation. On apprend ainsi à aimer Dieu en son prochain et on prie pour qu'Il nous y aide. Enfin, par la prière, on connaît enfin l'amour de Dieu, à condition d'avoir carbonisé son ego, ce moi orgueilleux et narcissique qui s'oppose à notre ouverture totale à l'amour.

Ce n'est pas uniquement la prière qui permet d'atteindre cette ouverture. Car la prière est incarnée dans des actes, elle se retrouve dans des œuvres d'art, dans la compassion d'un inconnu qui vous sourit, tout cela est prière.

La vie même de nombreuses grandes figures de spiritualité est devenue une prière. C'est possible pour chacun d'entre nous. J'ai rencontré chez des personnes peu pratiquantes, ou même chez des athées, des exemples de grande prière. Il y a toujours dans la vie un moment d'intense vérité ou de quête de sens, et cette parole qui vient aux lèvres et qui peut s'exprimer dans un poème, un livre, une simple prière adressée à Dieu : « Où es-tu ? Aide moi… »

On a demandé un jour à Vladimir Jankélévitch si l'on pouvait vivre sans philosophie. Il a répondu : on peut vivre sans philosophie, sans amour, sans beauté, mais beaucoup moins bien. Je dirais la même chose de la prière.

Il y faut une volonté d'abandon. On peut se dire qu'on ne croit en rien, mais que peut-être on pourrait essayer, et écouter toutes les formes que la prière peut prendre, toutes les formes sous lesquelles la beauté peut s'incarner. On peut entrer simplement dans une église, s'asseoir dans un jardin, écouter de la musique, aller voir un tableau, et se demander pourquoi tant de gens sur cette terre ont vécu cet élan vers l'absolu. Et alors, joindre les mains et le tenter à notre tour.

Table des matières

III. ÉGLISE

IV. VIE MORALE

V. VIE SPIRITUELLE

Achevé d'imprimer en France en avril 2017
par Normandie Roto Impression s.a.s. 61250 Lonrai
Dépôt légal : avril 2017 - N° d'impression : 1701174